Hombres: Manual de uso

HOMBRES: MANUAL DE USO

Sonny Montero

"Hombres: Manual de Uso"
©2024, Sonny Montero
ISBN: 9798326665720

Todos los derechos reservados. Esta publicación no puede ser reproducida, ni en todo ni en parte, almacenada ni registrada en o transmitida por un sistema de recuperación de información, en ninguna forma o manera ni por ningún medio, sea mecánico, fotoquímico, electrónico, magnético, electroóptico, por fotocopia, o cualquier otro, a excepción de lo determinado por la ley.

***

A todos los hombres que, con su amistad y cariño, me han ayudado a comprendernos mejor. A veces, ser hombre no es fácil, pero gracias a ustedes, el camino se hace más llevadero.

Con gratitud, Sonny.

Contenido

Introducción 13
Capítulo 1: Vulnerabilidad 15
Capítulo 2: Desafiando estereotipos 20
    La masculinidad tradicional 21
    El impacto de la masculinidad tóxica 27
    La evolución de los roles de género 34
    Movimientos de igualdad de género 37
    Influencia de los medios de comunicación 40
    El costo emocional de los estereotipos masculinos 46
    Consecuencias en la salud mental y las relaciones interpersonales 49
    La importancia de desafiar y cuestionar estos estereotipos 54
Capítulo 3: Autoconciencia 58
    Comprender nuestras propias emociones 59
    Reconocer y nombrar nuestras emociones 62
    Explorando nuestras creencias y valores 66
    Creencias limitantes 70
    Escuchando nuestra voz interior 79
    Cultivando la autorreflexión 100
    Herramientas y prácticas 116
Capítulo 4: Fortaleza 120
    Desmontando estereotipos 121
    Desafiando los estereotipos y promoviendo una masculinidad sana 124
    Empoderamiento a través de la vulnerabilidad 130
    La emoción como vínculo transformador 136

Confrontando el miedo y el malestar 139

Redefiniendo la fortaleza masculina 143

Modelo de masculinidad saludable 148

Capítulo 5: Comunicación emocional 152

Impacto de la represión emocional en la salud mental 154

Rompiendo los estereotipos culturales sobre la masculinidad..... 157

Capítulo 6: Prácticas útiles 161

Relaciones más sólidas a través de la comunicación abierta y genuina 165

Capítulo 7: Superando inseguridades 170

Identificar y desafiar las creencias limitantes 174

Practicar la autocompasión y la autorreflexión 178

Construir una cultura de apoyo 182

Hacia una masculinidad auténtica 186

Fijar límites y buscar situaciones seguras 191

Capítulo 8: Apoyándonos entre sí 196

Las redes de apoyo masculinas 198

Desafiando el estigma cultural 203

La empatía y la escucha activa 206

Habilidades prácticas 209

En la unidad de la diversidad: inclusión en las comunidades de apoyo 213

Enriqueciendo las relaciones a través de la diversidad de experiencias y perspectivas 216

Capítulo 9: El camino al bienestar personal 221

La importancia de la vulnerabilidad en el contexto personal 222

La relación entre vulnerabilidad y satisfacción personal en los hombres 226

El camino hacia la realización personal 229

Superando el miedo a la vulnerabilidad 232

Ejercicios para fortalecer la autenticidad emocional 236

INTRODUCCIÓN

En un mundo donde la masculinidad y sus definiciones han evolucionado de manera significativa, surge la necesidad de explorar y comprender más a fondo la complejidad de la experiencia masculina.

Este libro nace como una guía, un faro en el camino para aquellos que desean adentrarse en los laberintos de la identidad y roles que los hombres enfrentan en la sociedad contemporánea.

A través de estas páginas, nos sumergiremos en un viaje íntimo y reflexivo, donde exploraremos las múltiples facetas de la masculinidad, desafiando estereotipos arraigados y abriendo la discusión sobre lo que significa ser un hombre en el siglo XXI. Desde las presiones culturales hasta las expectativas personales, abordaremos temas cruciales con empatía, humor y profundidad.

"Hombres: Manual de Uso" no pretende imponer reglas, sino invitar al lector a cuestionar, reflexionar y, sobre todo, a celebrar la diversidad y riqueza de experiencias que conforman la masculinidad en su plenitud.

Bienvenido a esta travesía de autodescubrimiento y crecimiento, donde la honestidad y el diálogo franco te guiarán hacia nuevas perspectivas y una mayor comprensión mutua.

CAPÍTULO 1:
VULNERABILIDAD

Desde tiempos remotos, la construcción de la identidad masculina ha estado arraigada en ideales de fortaleza y dominio emocional. A través de generaciones, a los hombres se les ha inculcado la necesidad de mantener una imagen de invulnerabilidad, relegando la vulnerabilidad a un lugar de debilidad o inferioridad. Este paradigma ha tenido un profundo impacto en la forma en que los hombres se relacionan con sus emociones, limitando su capacidad para expresar su verdadero ser y explorar la plenitud de su humanidad.

La represión emocional impuesta a los hombres ha tenido consecuencias significativas en su bienestar psicológico y en sus relaciones interpersonales. La incapacidad de comunicar abiertamente sus sentimientos y emociones ha llevado a un sentimiento de aislamiento y soledad, ya que se ven obligados a cargar con sus cargas emocionales en silencio, sin el apoyo y la comprensión que la expresión emocional abierta puede brindar.

Además, la presión para mantener una fachada de fortaleza y control puede contribuir a la perpetuación de patrones tóxicos de comportamiento, como la agresividad, la competitividad desmesurada o la negación de las propias necesidades emocionales. Esta dinámica también puede generar dificultades en la conexión íntima y en la construcción de relaciones significativas, ya que la vulnerabilidad es esencial para establecer lazos auténticos y profundos con los demás.

En un mundo en constante evolución, donde se valora cada vez más la autenticidad y la empatía, es fundamental revisar y desafiar los conceptos tradicionales de masculinidad que han limitado la expresión emocional de los hombres y su capacidad de conectarse tanto consigo mismos como con los demás. La vulnerabilidad masculina no solo implica la apertura emocional, sino también la valentía de ser uno mismo sin miedo al juicio externo, rompiendo con las restricciones impuestas por normas obsoletas y abrazando la propia autenticidad.

Al explorar la vulnerabilidad masculina, es crucial reconocer que ser vulnerable no es sinónimo de debilidad, sino de fuerza y autenticidad.

Permitirse sentir, expresar y compartir emociones de manera honesta y abierta es un acto de valentía que puede conducir a una mayor autoaceptación, crecimiento personal y conexiones más profundas con los demás

En este contexto, el proceso de aceptar y abrazar la vulnerabilidad masculina se convierte en un viaje de autodescubrimiento y empoderamiento. Al liberarse de las cadenas de la represión emocional y conectar con su verdadero yo, los hombres pueden cultivar relaciones más genuinas, encontrar un mayor equilibrio emocional y experimentar una sensación renovada de plenitud y autenticidad en todas las áreas de sus vidas.

En resumen, la exploración y celebración de la vulnerabilidad masculina es un paso crucial hacia la construcción de una masculinidad más saludable, inclusiva y empática.

Al desafiar los estereotipos de género y permitirse a sí mismos ser vulnerables, los hombres pueden emanciparse de las restricciones impuestas por una visión obsoleta de la masculinidad y abrirse a nuevas posibilidades de crecimiento personal, bienestar emocional y conexión genuina con los demás.

***

¡Anímate a explorar tu vulnerabilidad y descubrir la belleza y el poder que yace en tu autenticidad!

***

CAPÍTULO 2:
DESAFIANDO ESTEREOTIPOS

En este capítulo, indagaremos en los estereotipos culturales que rodean la masculinidad y su influencia en las relaciones personales de los hombres, tanto consigo mismos como con los demás.

Examinaremos los arraigados estereotipos culturales que han modelado la masculinidad a lo largo del tiempo. Exploraremos cómo estos estereotipos han impactado la forma en que los hombres se relacionan consigo mismos y con los demás, y cómo han generado la necesidad de reevaluar y redefinir el concepto de masculinidad en el siglo XXI.

LA MASCULINIDAD TRADICIONAL

La masculinidad tradicional ha estado durante mucho tiempo asociada con una serie de estereotipos que reflejan características como la fuerza física, la independencia, la dominancia y la restricción emocional.

Estos estereotipos han surgido en diferentes culturas a lo largo de la historia y han influido en la forma en que los hombres son percibidos y cómo se espera que se comporten.

En primer lugar, el estereotipo de la fuerza física se ha asociado con la masculinidad tradicional. Los hombres son vistos como más capaces de realizar trabajos físicamente exigentes y se espera que sean atléticos y enérgicos. Esta idea ha llevado a la creencia de que los hombres deben ser agresivos y dominantes, tanto en sus relaciones personales como en su papel en la sociedad.

Además de la fuerza física, la independencia ha sido otro estereotipo asociado con la masculinidad tradicional. Se percibe a los hombres como individuos autosuficientes y se espera que sean capaces de cuidarse a sí mismos sin depender de otros.

Este estereotipo a menudo se contrapone a la idea de pedir ayuda o mostrar vulnerabilidad, lo que puede dificultar que los hombres accedan al apoyo emocional y puede generar problemas en su salud mental.

La dominancia es también una característica estereotipada asociada con la masculinidad tradicional. Los hombres son percibidos como líderes naturales, con una capacidad innata para tomar decisiones y ejercer autoridad sobre los demás. Esta expectativa de dominancia puede crear presiones significativas en los hombres, ya que se espera que ocupen roles de liderazgo en diversos contextos.

La restricción emocional es otro estereotipo comúnmente asociado con la masculinidad tradicional. A los hombres se les ha enseñado a reprimir o controlar sus emociones, lo que a menudo se percibe como una muestra de fortaleza. Esta restricción emocional puede dificultar que los hombres expresen sus sentimientos y puede afectar negativamente su salud mental y sus relaciones interpersonales.

Es importante reconocer que estos estereotipos no representan la totalidad de las experiencias masculinas ni definen a todos los hombres.

La masculinidad es una construcción social compleja y diversa que varía en diferentes culturas y a lo largo del tiempo. Cuestionar y desafiar estos estereotipos tradicionales puede ayudar a promover una mayor igualdad de género y a fomentar una visión más amplia y saludable de la masculinidad.

Estos estereotipos de masculinidad tradicional han creado expectativas poco realistas y restrictivas para los hombres en muchos aspectos de sus vidas. Aunque es importante destacar que no todos los hombres se ajustan a estos estereotipos y que la masculinidad es diversa, muchas veces la presión social y cultural para cumplir con estas expectativas puede impactar negativamente en la vida de los hombres.

En primer lugar, la idea de ser fuerte y dominante físicamente puede excluir a aquellos hombres que no se ajustan a los estándares tradicionales de masculinidad.

Algunos hombres pueden sentirse presionados para cumplir con una imagen corporal idealizada, lo que puede llevar a trastornos alimentarios, problemas de autoestima y una sensación constante de insuficiencia.

Además, esta idea de fuerza física puede limitar las opciones de carrera y actividades que los hombres sienten que pueden perseguir, ya que pueden sentirse obligados a buscar profesiones o pasatiempos asociados con la fuerza y la virilidad.

En segundo lugar, la expectativa de independencia puede ser restrictiva emocionalmente. Los hombres pueden sentir que deben resolver sus problemas por sí mismos y evitar pedir ayuda, lo que puede tener un impacto negativo en su bienestar psicológico. Esta actitud de "soportarlo todo por sí mismos" puede llevar a la represión de emociones y a una falta de apoyo social y emocional. La falta de accesibilidad a la ayuda profesional o el estigma asociado a buscar terapia también puede ser un obstáculo para los hombres que enfrentan dificultades emocionales.

Además, la presión para ser dominante puede limitar las oportunidades de los hombres para desarrollar habilidades de cooperación, empatía y comunicación efectiva. Se espera que los hombres siempre tomen el control y lideren, lo que puede ser agotador y dificultar la construcción de relaciones saludables basadas en la igualdad y el respeto mutuo.

Esta expectativa de dominancia también puede generar conflictos y tensiones en las relaciones familiares y de pareja, ya que puede disminuir la capacidad de los hombres para compartir la toma de decisiones y las responsabilidades domésticas.

Por lo tanto, puede ser perjudicial para la salud mental de los hombres. La noción de que los hombres no deben mostrar vulnerabilidad o expresar sus emociones puede conducir a problemas como la depresión, la ansiedad y el aislamiento social. La falta de apoyo emocional y la dificultad para conectar emocionalmente con los demás pueden tener graves consecuencias para el bienestar de los hombres.

En conclusión, estos estereotipos han creado expectativas poco realistas y restrictivas para los hombres, limitando su potencial de desarrollo personal y emocional. Es crucial abordar y cuestionar estos estereotipos para promover una visión más inclusiva y saludable de la masculinidad, donde los hombres puedan ser auténticos, expresar sus emociones y perseguir una diversidad de intereses y roles en la sociedad.

EL IMPACTO DE LA MASCULINIDAD TÓXICA

La masculinidad tóxica es un concepto que se deriva de los estereotipos tradicionales de masculinidad y se refiere puntualmente a una forma de masculinidad que promueve comportamientos y actitudes perjudiciales tanto para los hombres como para las personas que los rodean. Estos estereotipos tradicionales, que enfatizan la fuerza, la dominancia y la restricción emocional, pueden contribuir a la manifestación de la masculinidad tóxica de varias maneras.

La creencia establecida de que los hombres deben ser fuertes y no mostrar debilidad puede llevar a actitudes y comportamientos agresivos.

La masculinidad tóxica se relaciona con la idea de que la violencia es una forma aceptable de resolver conflictos y afirmar la superioridad masculina. Esto puede manifestarse en violencia doméstica, agresión física o verbal, acoso y otros comportamientos abusivos.

Este tipo de actitudes y comportamientos están fundamentados en el deseo de mantener el control y la dominancia, lo que puede generar un ambiente inseguro y dañino para las relaciones interpersonales.

La masculinidad tóxica está vinculada a la idea de que los hombres no deben mostrar emociones o vulnerabilidad. La restricción emocional puede llevar a la represión de sentimientos, lo que a su vez puede generar dificultades en la comunicación y la resolución de conflictos. Los hombres que internalizan este estereotipo pueden tener dificultades para expresar sus emociones de manera saludable y buscar apoyo emocional. En lugar de ello, pueden recurrir a comportamientos autodestructivos, como el abuso de sustancias, como una forma de "desahogarse".

A su vez, la masculinidad tóxica puede tener un impacto negativo en la salud mental de los hombres. La exigencia de estar constantemente en control y cumplir con los estándares de masculinidad puede generar altos niveles de estrés y ansiedad. La presión por alcanzar el éxito profesional, financiero y personal puede llevar a la depresión y al agotamiento.

Además, la norma de "ser un hombre de verdad" puede dificultar que los hombres busquen ayuda para problemas de salud mental por temor a ser percibidos como débiles o menos masculinos.

La masculinidad tóxica también tiene un impacto perjudicial en las relaciones íntimas y familiares. La falta de habilidades de comunicación emocional y la incapacidad para ser vulnerables con las parejas y los hijos pueden conducir a relaciones disfuncionales y distanciamiento emocional.

También puede contribuir a roles de género rígidos y desiguales dentro de la familia, donde se espera que los hombres sean proveedores y tengan el poder de tomar decisiones, limitando así el potencial de desarrollo de sus relaciones y el bienestar de todos los miembros de la familia.

Emerge de los estereotipos tradicionales de masculinidad y da lugar a comportamientos y actitudes dañinas. El énfasis en la fuerza, la dominancia y la restricción emocional puede dar lugar a la violencia, la represión emocional, las dificultades en las relaciones personales y la salud mental deteriorada tanto para los hombres como para aquellos que los rodean. Para abordar este problema, es fundamental romper con estos estereotipos y promover una visión más saludable y equitativa de la masculinidad, que permita a los hombres ser auténticos, expresar sus emociones y mantener relaciones basadas en el respeto y la igualdad.

Pero, abordemos también la discusión sobre la presión para ser agresivo, dominante y desapegado emocionalmente, y cómo esto ha afectado negativamente las relaciones de los hombres consigo mismos y con los demás.

La característica primordial de los estereotipos tradicionales de masculinidad es la presión. Esta presión tiene un impacto negativo en las relaciones de los hombres consigo mismos y con los demás, ya que dificulta la expresión emocional, la intimidad y la construcción de relaciones saludables y significativas.

Dicha presión puede causar que los hombres adopten comportamientos violentos o agresivos para demostrar su masculinidad. La creencia de que la fuerza física y la dominación son rasgos esenciales de la masculinidad puede llevar a comportamientos destructivos en las relaciones interpersonales, como la agresión verbal o física.

Por cierto, estos comportamientos no solo son perjudiciales para quienes los sufren, sino también para los propios hombres, ya que la agresión puede convertirse en un patrón de respuesta que dificulta la resolución pacífica de conflictos y puede generar problemas legales y sociales.

La presión para ser desapegado emocionalmente puede causar que los hombres repriman sus sentimientos y eviten la expresión emocional. Los estereotipos de masculinidad a menudo promueven la idea de que mostrar emociones es una debilidad o una falta de masculinidad. Esta actitud dificulta que los hombres reconozcan y gestionen sus propias emociones, lo que puede generar problemas de salud mental como la depresión, la ansiedad y el aislamiento emocional.

Esta emoción afecta las relaciones de los hombres con los demás. La incapacidad para expresar y comunicar de manera efectiva las emociones puede obstaculizar la construcción de conexiones emocionales significativas con amigos, parejas y familiares. La falta de comunicación emocional puede llevar a la incomunicación, los malentendidos y la falta de empatía en las relaciones personales, lo que a su vez puede generar sentimientos de soledad, insatisfacción y frustración en todas las partes involucradas.

Asimismo, la presión para ser agresivo, dominante y desapegado emocionalmente puede afectar la relación de los hombres consigo mismos.

Al reprimir sus emociones y mantener una apariencia de fortaleza constante, los hombres pueden sentirse desconectados de sus propios sentimientos y necesidades. Esto puede dificultar la autoexploración, la autocompasión y el desarrollo de una salud emocional y psicológica óptima. Además, al adherirse a estas expectativas rígidas, los hombres pueden experimentar una sensación de inautenticidad y falta de conexión con su verdadero yo.

Por lo tanto, esto tendría consecuencias negativas en las relaciones de los hombres consigo mismos y con los demás. Esta presión inhibe la expresión emocional, la intimidad y la construcción de relaciones saludables y significativas.

Para abordar este problema, es necesario desafiar y redefinir los estereotipos tradicionales de masculinidad, alentando la expresión emocional, la empatía y la conexión emocional como factores esenciales de una masculinidad saludable y constructiva. Esto permitirá que los hombres se sientan más libres y auténticos en sus relaciones y promoverá un ambiente más equitativo y satisfactorio para todos.

LA EVOLUCIÓN DE LOS ROLES DE GÉNERO

A lo largo del tiempo, los roles de género han experimentado cambios significativos, lo que ha llevado a desafiar los estereotipos tradicionales de la masculinidad. Estos cambios reflejan una mayor comprensión de la diversidad y la fluidez de género, así como el reconocimiento de la importancia de la igualdad de género y la liberación de las restricciones impuestas por los roles de género rígidos.

Históricamente, los roles de género asignados a los hombres se han centrado en la fortaleza física, la autoridad y la provisión para la familia. Sin embargo, a medida que las sociedades han progresado, se ha producido una mayor aceptación y reconocimiento de que los atributos y las aspiraciones individuales no deben limitarse por el género.

Esto ha llevado a cambios en las expectativas y en la forma en que se percibe la masculinidad.

Vemos hoy una mayor diversidad en los roles y comportamientos considerados masculinos. Los hombres están desafiando los estereotipos tradicionales al involucrarse más en tareas domésticas y en el cuidado de los hijos, roles que anteriormente se consideraban exclusivos de las mujeres.

Además, muchos hombres están renunciando a la idea de la dominación y la agresividad como componentes esenciales de la masculinidad; en su lugar, están adoptando actitudes más igualitarias y construyendo relaciones basadas en el respeto y la comunicación abierta.

Asimismo, la exploración y aceptación de la diversidad de género ha llevado a la desmitificación de las normas binarias de masculinidad y feminidad. Cada vez más, se están desafiando los conceptos de masculinidad hegemónica y se está reconociendo la existencia de masculinidades no normativas. Esto incluye la aceptación y visibilidad de hombres queer, hombres transgénero y hombres que no se adhieren a los roles tradicionales de género.

Estos cambios en los roles de género han sido impulsados por una mayor conciencia social y un movimiento hacia la igualdad de género.

Las luchas por la igualdad han resaltado el potencial dañino de los estereotipos de género restrictivos tanto para hombres como para mujeres, y han alentado a cuestionar y desafiar las normas tradicionales.

Por ello, los roles de género han cambiado a lo largo del tiempo, desafiando los estereotipos tradicionales de la masculinidad.

La creciente aceptación de la diversidad de género, junto con la lucha por la igualdad, ha impulsado un cambio hacia una perspectiva más inclusiva y flexible de la masculinidad, fomentando la libertad individual y la expresión auténtica. Este cambio es esencial para crear sociedades más equitativas y permitir que todos los individuos se desarrollen plenamente, más allá de los confines de los roles de género restrictivos.

MOVIMIENTOS DE IGUALDAD DE GÉNERO

En las últimas décadas, han surgido diversos movimientos de igualdad de género que han promovido una mayor diversidad en la expresión de la masculinidad. Estos movimientos han desafiado los estereotipos tradicionales y han fomentado una comprensión más amplia y positiva de lo que significa ser un hombre.

El feminismo ha sido uno de los principales movimientos que ha trabajado por la igualdad de género y ha influido en la forma en que se entiende la masculinidad. El feminismo ha destacado la importancia de cuestionar los roles de género restrictivos y ha defendido la idea de que los hombres también se benefician de un mayor grado de libertad en la expresión de su identidad y emociones.

Al enfocarse en la equidad de género, el feminismo ha abierto espacios para que los hombres desafíen las expectativas tradicionales y exploren una masculinidad más inclusiva y no limitante.

Además del feminismo, otros movimientos han surgido para abordar específicamente los desafíos que enfrentan los hombres en relación con los roles de género. Uno de estos movimientos es el masculinísimo, que busca cuestionar las presiones sociales y los estereotipos que limitan a los hombres en su expresión y que pueden llevar a problemas de salud mental y emocional.

El masculinísimo también ha destacado la importancia de fomentar relaciones igualitarias y saludables, alentando a los hombres a desafiar patrones de comportamiento dañinos o tóxicos.

Los movimientos queer y LGBTQ+ han contribuido a una mayor diversidad en la expresión de la masculinidad. Estos movimientos han abierto el diálogo sobre identidades de género y han desafiado la noción binaria de género, permitiendo la existencia y visibilidad de hombres queer y hombres transgénero.

Estos individuos han jugado un papel crucial al desafiar los estereotipos tradicionales de la masculinidad y demostrar que existen varias formas auténticas de ser hombre.

En general, estos movimientos de igualdad de género han promovido una mayor diversidad en la expresión de la masculinidad, alentando a los hombres a explorar su individualidad y romper con los estereotipos restrictivos.

Han fomentado un enfoque más amplio y compasivo hacia la masculinidad, celebrando la expresión emocional, la empatía, el cuidado y el apoyo mutuo como componentes legítimos de una masculinidad sana. Estos esfuerzos han contribuido a la creación de un entorno más inclusivo y equitativo para todos los individuos, sin importar su género.

INFLUENCIA DE LOS MEDIOS DE COMUNICACIÓN

Los medios de comunicación desempeñan un papel crucial en la formación de los estereotipos de la masculinidad en la sociedad. A través de la televisión, el cine, la publicidad, las revistas y las redes sociales, los medios tienen la capacidad de influir en la percepción y comprensión de lo que significa ser un hombre.

Los estereotipos de la masculinidad promovidos por los medios a menudo presentan una imagen idealizada y estrecha de lo que se considera "masculino". Estos estereotipos suelen enfatizar características como la fuerza física, la agresividad, la competencia, el dominio y la falta de emociones. Este tipo de representaciones pueden limitar la expresión emocional y la diversidad en la forma en que los hombres se ven a sí mismos y se relacionan con los demás.

La publicidad, por ejemplo, tiende a retratar a los hombres como proveedores exitosos y dominantes, enfocados en su apariencia física, mientras que los programas de televisión y películas a menudo presentan a los hombres como héroes valientes y agresivos.

Estas representaciones estereotipadas pueden generar expectativas poco realistas y presiones sociales sobre los hombres, llevándolos a adoptar comportamientos poco auténticos.

Los medios de comunicación tienden a cosificar a las mujeres y perpetuar la idea de que los hombres deben ser dominantes y tener poder sobre ellas. Esta representación promueve roles de género desiguales e incentiva la violencia y la misoginia.

Al mismo tiempo, también puede ejercer presión sobre los hombres que no se ajustan a estos estereotipos, generando sentimientos de inseguridad y alienación.

No obstante, es importante señalar que en los últimos años ha habido una mayor conciencia sobre estos problemas y una creciente demanda de representaciones más inclusivas y diversas en los medios. Existen movimientos y organizaciones que buscan desafiar y cambiar estos estereotipos, promoviendo una imagen más amplia y positiva de la masculinidad. Además, algunas producciones y campañas publicitarias han comenzado a desafiar los estereotipos, presentando hombres diversos en términos de apariencia, personalidad y emociones.

Los medios de comunicación tienen una influencia significativa en la formación de los estereotipos de la masculinidad al promover imágenes estrechas y limitantes de lo que significa ser un hombre.

Sin embargo, existe una creciente conciencia sobre los efectos negativos de estos estereotipos y un movimiento hacia una representación más inclusiva y diversa de la masculinidad en los medios. Es fundamental seguir fomentando la equidad de género y la demolición de los estereotipos de género en la sociedad y en los medios de comunicación.

***

Discusión sobre cómo los modelos masculinos representados en los medios pueden influir en la forma en que los hombres se perciben a sí mismos y cómo se relacionan con los demás:

Los modelos masculinos representados en los medios de comunicación desempeñan un papel importante en la forma en que los hombres se perciben a sí mismos y se relacionan con los demás.

Estas representaciones pueden influir en su autoconcepto, en sus expectativas sobre sí mismos y en sus interacciones sociales.

En primer lugar, los modelos masculinos presentados en los medios a menudo transmiten una imagen idealizada y poco realista de lo que significa ser un hombre. Estos modelos suelen ser altamente atractivos físicamente, exitosos en su vida profesional y personal, y carecen de defectos o vulnerabilidades. Al ver estos modelos, los hombres pueden sentir presión para cumplir con esos estándares irreales y pueden experimentar sentimientos de inadecuación o baja autoestima si no se ajustan a ellos.

Además, los modelos masculinos en los medios tienden a enfatizar la masculinidad tradicional, que incluye características como la fuerza, la valentía, la independencia y la dominancia. Estos modelos pueden generar expectativas poco realistas sobre cómo los hombres deberían comportarse y qué cualidades deben tener para ser considerados "verdaderos hombres". Aquellos que no se ajustan a estos estereotipos pueden enfrentar discriminación o exclusión social.

La representación de los hombres en los medios también puede influir en la forma en que se relacionan con los demás. Los modelos masculinos a menudo se muestran como dominantes y exitosos en sus relaciones amorosas, lo que puede generar expectativas poco realistas sobre el amor y la intimidad.

Además, la hipersexualización de los hombres en los medios puede influir en la forma en que los hombres perciben y tratan a las mujeres, contribuyendo a actitudes y comportamientos sexistas.

Es importante destacar que la representación de los hombres en los medios está evolucionando. Cada vez más, se están presentando modelos masculinos más diversos y auténticos, que desafían los estereotipos tradicionales y fomentan una mayor inclusión. Estas representaciones más equilibradas pueden ayudar a los hombres a desarrollar una imagen de sí mismos más realista y saludable, y a establecer relaciones más igualitarias y respetuosas.

Los modelos masculinos representados en los medios tienen un impacto significativo en la forma en que los hombres se perciben a sí mismos y se relacionan con los demás.

Es crucial fomentar representaciones más diversas y realistas de la masculinidad en los medios para promover una imagen más saludable y equitativa de los hombres y fomentar una sociedad más igualitaria.

EL COSTO EMOCIONAL DE LOS ESTEREOTIPOS MASCULINOS

Los estereotipos culturales han llevado a que los hombres repriman sus emociones y experimenten dificultades para expresar vulnerabilidad.

Los estereotipos culturales desempeñan un papel importante en la forma en que los hombres experimentan y expresan sus emociones, lo que puede llevar a la represión emocional y dificultades para expresar vulnerabilidad. A lo largo de la historia, se ha asociado la masculinidad con la fortaleza, el control y la independencia, mientras que se ha desalentado a los hombres a mostrar emociones consideradas "femeninas" o vulnerables.

En muchas culturas, se ha promovido la idea de que los hombres deben ser fuertes y no mostrar debilidad emocional. Este estereotipo se manifiesta en expectativas sociales y presiones que pueden limitar la expresión emocional de los hombres. Se espera que los hombres sean resistentes, valientes y capaces de manejar cualquier situación sin demostrar señales de vulnerabilidad.

Como resultado, los hombres a menudo se sienten obligados a ocultar sus emociones y enfrentar dificultades emocionales en silencio.

La represión emocional puede tener consecuencias negativas para la salud mental de los hombres. Al reprimir o negar sus emociones, pueden experimentar un aumento del estrés, la ansiedad y la depresión.

Además, la incapacidad para expresar sus emociones de manera saludable puede afectar negativamente sus relaciones interpersonales, ya que la falta de comunicación abierta y empática puede dificultar la conexión emocional y la resolución de conflictos.

La represión emocional también puede contribuir a comportamientos dañinos o autodestructivos en los hombres. Al no tener vías adecuadas para expresar sus emociones, algunos hombres recurren a mecanismos de afrontamiento poco saludables, como el abuso de sustancias o la agresión, como medios para lidiar con su malestar emocional. Estos comportamientos pueden afectar negativamente su bienestar general y su calidad de vida.

Es fundamental desafiar los estereotipos culturales restrictivos y fomentar la expresión emocional saludable en los hombres. Esto implica promover un ambiente en el que los hombres se sientan cómodos y seguros al hablar sobre sus emociones, sin temor a ser juzgados o estigmatizados.

Además, es necesario fomentar una educación y crianza que valore la expresión emocional y promueva la empatía y la comunicación abierta en todos los géneros.

Los estereotipos culturales que asocian la masculinidad con la falta de expresión emocional han llevado a que los hombres repriman sus emociones y experimenten dificultades para expresar vulnerabilidad. Es necesario desafiar estos estereotipos y promover una cultura que fomente la expresión emocional saludable en los hombres, para mejorar su bienestar mental y fortalecer sus relaciones interpersonales.

CONSECUENCIAS EN LA SALUD MENTAL Y LAS RELACIONES INTERPERSONALES

La represión emocional en los hombres puede tener diversas consecuencias negativas, tanto en su salud mental como en sus relaciones interpersonales. A continuación, se presentan algunas de estas repercusiones:

| **Problemas de salud mental**: La represión emocional puede dar lugar a una acumulación de estrés y emociones no expresadas. A largo plazo, esto puede aumentar el riesgo de presentar problemas de salud mental, como depresión, ansiedad, trastornos de estrés postraumático e incluso tendencias suicidas.

La negación de las emociones también puede dificultar el acceso a la ayuda profesional y a los recursos de apoyo necesarios para abordar estos problemas.

| Dificultades en las relaciones interpersonales: Al reprimir sus emociones, los hombres pueden tener dificultades para comunicarse y establecer conexiones emocionales saludables en sus relaciones interpersonales.

Pueden tener problemas para expresar amor, empatía, compasión y otros sentimientos hacia sus seres queridos, lo que puede generar alejamiento y conflicto en las relaciones.

La falta de una comunicación emocional abierta también puede dificultar la resolución de problemas y la negociación de conflictos.

| Aislamiento emocional: La represión emocional puede conducir a un aislamiento emocional, ya que los hombres pueden sentirse desconectados de sus propios sentimientos y de los demás.

Al ser incapaces de expresar y compartir sus emociones de manera saludable, pueden experimentar una sensación de soledad y aislamiento, lo que a su vez puede empeorar su salud mental y bienestar general.

| **Comportamientos autodestructivos:** Al no tener una forma saludable de lidiar con sus emociones, algunos hombres recurren a mecanismos de afrontamiento autodestructivos, como el abuso de sustancias, conductas adictivas, comportamientos violentos o riesgosos.

Estos comportamientos pueden ser una forma de desahogo y una manera equivocada de intentar lidiar con el malestar emocional, pero a la larga, pueden agravar los problemas de salud mental y afectar negativamente las relaciones.

Para contrarrestar estas consecuencias negativas, es importante fomentar un ambiente donde los hombres se sientan cómodos expresando sus emociones y se les proporcione apoyo emocional.

Además, la educación y la promoción de la inteligencia emocional pueden ayudar a los hombres a desarrollar habilidades para reconocer, expresar y gestionar sus emociones de manera saludable. Para mejorar las relaciones interpersonales, es esencial fomentar la empatía, la comunicación abierta y la aceptación de la vulnerabilidad en todas las formas de identidad de género.

***

En este capítulo hemos analizado los estereotipos culturales que han rodeado la masculinidad y cómo han influido en la forma en que los hombres se relacionan con ellos mismos y con los demás.

Hemos visto cómo estos estereotipos tradicionales y la masculinidad tóxica han impuesto expectativas poco realistas y restrictivas, limitando la expresión y la conexión emocional de los hombres. Sin embargo, también hemos observado el surgimiento de movimientos que desafían estos estereotipos y promueven una masculinidad más auténtica y saludable.

En el próximo, exploraremos la importancia de la autoconciencia y cómo puede ayudar a los hombres a romper con estos estereotipos culturales y vivir más plenamente y enriquecer sus relaciones personales.

Hombres: Manual de uso

LA IMPORTANCIA DE DESAFIAR Y CUESTIONAR ESTOS ESTEREOTIPOS

Desafiar y cuestionar los estereotipos de género tradicionales es crucial para fomentar una mayor conexión emocional y autenticidad tanto en hombres como en mujeres.

Aquí se presentan algunas razones por las que es importante desafiar estos estereotipos:

| **Reconociendo la diversidad emocional:** Los estereotipos de género suelen limitar la gama de emociones consideradas socialmente aceptables para cada género. Por ejemplo, a menudo se espera que los hombres repriman emociones como el miedo, la tristeza o la vulnerabilidad, mientras que se espera que las mujeres sean más emocionalmente expresivas.

Al cuestionar estos estereotipos, se puede reconocer que las emociones no tienen género y que todos tenemos derecho a experimentar y expresar una amplia variedad de emociones.

| **Fomentando una comunicación más abierta:** Los estereotipos de género pueden dificultar la comunicación emocional abierta y honesta.

Al desafiarlos, pueden crearse espacios seguros donde las personas se sientan libres para expresar sus emociones sin miedo a ser juzgadas. Esto puede fortalecer las relaciones personales, permitiendo mayor conexión y comprensión mutua.

| **Promoviendo la autenticidad**: La adhesión rígida a los estereotipos de género puede llevar a una falta de autenticidad y a una sensación de tener que actuar de acuerdo con lo que la sociedad espera de nosotros.

Al cuestionar estos estereotipos, se puede liberar a las personas para ser fieles a sí mismas y a sus propias experiencias emocionales. Esto no solo mejora el bienestar individual, sino que también facilita la formación de relaciones basadas en la autenticidad y el respeto mutuo.

| Superando roles y expectativas limitantes: Los estereotipos de género pueden poner expectativas restrictivas sobre cómo deben comportarse los hombres y las mujeres, lo cual puede ser perjudicial para su bienestar emocional y su capacidad de establecer conexiones significativas.

Al cuestionar estos estereotipos, se puede desafiar la noción de que hay solo una forma correcta de ser hombre o mujer, permitiendo así que cada individuo defina su propia identidad y establezca relaciones más igualitarias y basadas en la autenticidad.

***

Como podemos ver, desafiar y cuestionar los estereotipos de género tradicionales es esencial para promover una mayor conexión emocional y autenticidad en las personas. Esto implica reconocer la diversidad emocional, fomentar una comunicación abierta, promover la autenticidad y superar los roles y expectativas limitantes.

Al hacerlo, podemos construir un mundo donde todas las personas se sientan libres para ser ellas mismas y para experimentar y expresar sus emociones de una manera saludable y enriquecedora.

CAPÍTULO 3:
AUTOCONCIENCIA

En este capítulo, exploraremos la importancia de la autoconciencia en el proceso de abrazar la vulnerabilidad masculina. La autoconciencia nos permite comprender nuestros pensamientos, sentimientos y comportamientos, y nos proporciona una base sólida para explorar nuestra vulnerabilidad de manera consciente y auténtica.

Analizaremos cómo desarrollar la autoconciencia emocional y cómo esta se relaciona con la capacidad de abrirnos y mostrarnos vulnerables.

COMPRENDER NUESTRAS PROPIAS EMOCIONES

Es de suma importancia que los hombres estén sintonizados con sus emociones por varias razones:

| **Bienestar emocional**: La capacidad de reconocer, comprender y expresar nuestras emociones es fundamental para nuestro bienestar emocional en general. Ignorar o reprimir nuestras emociones puede llevar a problemas como estrés, ansiedad, depresión y dificultades en las relaciones interpersonales. Al estar sintonizados con nuestras emociones, podemos identificar y abordar adecuadamente cualquier malestar emocional que experimentemos.

| **Autenticidad y autoconocimiento**: Estar en sintonía con nuestras emociones nos permite conocernos a nosotros mismos de manera más profunda y auténtica. Nos brinda la oportunidad de explorar quiénes somos, qué nos afecta y qué nos motiva. Al comprender nuestras emociones, podemos tomar decisiones más conscientes y alineadas con nuestros valores y deseos personales.

| **Relaciones interpersonales saludables**: La capacidad de reconocer y expresar nuestras emociones también influye en nuestras relaciones interpersonales. Al estar sintonizados con nuestras emociones, podemos comunicarnos de manera más efectiva y empática, lo que facilita una comunicación más clara y una conexión más profunda con los demás. Además, al mostrar vulnerabilidad emocional, brindamos a las personas que nos rodean la oportunidad de hacer lo mismo, estableciendo relaciones basadas en la sinceridad y el apoyo mutuo.

| **Gestión del estrés y resolución de problemas**: Estar en sintonía con nuestras emociones nos permite enfrentar el estrés y resolver problemas de manera más

efectiva. Al reconocer nuestras emociones relacionadas con el estrés, como la ansiedad

RECONOCER Y NOMBRAR NUESTRAS EMOCIONES

Reconocer y nombrar nuestras emociones nos brinda una mayor claridad sobre nuestras experiencias internas de diversas formas:

| **Autoconciencia emocional**: Identificar y comprender nuestras emociones nos permite tener una mayor autoconciencia emocional. Al reconocer cómo nos sentimos en un momento dado, podemos comprender mejor las razones subyacentes detrás de nuestras reacciones y comportamientos. Esto nos ayuda a conectarnos con nuestros verdaderos sentimientos y necesidades, lo que a su vez facilita la toma de decisiones informadas y la gestión efectiva de nuestras emociones.

| **Diferenciación emocional**: Nombrar nuestras emociones nos ayuda a diferenciar entre diferentes tipos de sentimientos. Muchas veces, las emociones pueden ser confusas o difusas, y esto puede dificultar su comprensión y manejo.

Sin embargo, al asignarles un nombre específico, como alegría, tristeza, ira o miedo, podemos comprender mejor las sutilezas y matices de nuestras experiencias emocionales. Esto nos permite ser más precisos en nuestras expresiones emocionales y nos ayuda a comunicarnos de manera más efectiva con los demás.

| **Regulación emocional**: Reconocer y nombrar nuestras emociones es un primer paso importante hacia su regulación. Al identificar cómo nos sentimos, podemos evaluar la intensidad y duración de nuestras emociones. Esto nos brinda la oportunidad de desarrollar estrategias saludables para gestionarlas, como la respiración profunda, el ejercicio, la meditación o hablar con alguien de confianza. Al tener una mayor claridad sobre nuestras experiencias emocionales, podemos responder a ellas de manera más equilibrada y consciente.

| **Comunicación interpersonal**: Nombrar nuestras emociones también mejora nuestra capacidad para comunicarnos con los demás. Al expresar claramente cómo nos sentimos, les proporcionamos a las personas que nos rodean información valiosa sobre nuestro estado emocional.

Esto facilita una comunicación más efectiva, evitando malentendidos y fomentando una mayor empatía y comprensión mutua. Además, al poder nombrar nuestras emociones, podemos solicitar apoyo emocional específico cuando lo necesitamos.

***

En conclusión, reconocer y nombrar nuestras emociones nos brinda una mayor claridad sobre nuestras experiencias internas al promover la autoconciencia emocional, la diferenciación emocional, la regulación emocional y la comunicación interpersonal.

Al tener una comprensión más profunda de nuestras emociones, podemos vivir de manera más auténtica, gestionar nuestras emociones de manera efectiva y establecer conexiones más significativas con los demás.

EXPLORANDO NUESTRAS CREENCIAS Y VALORES

Reflexionar sobre las creencias y valores que hemos internalizado en relación con la masculinidad es un proceso importante para promover la igualdad de género, la autenticidad personal y construir relaciones saludables.

Frecuentemente, la sociedad y la cultura establecen normas de género que influyen en nuestra comprensión de lo que significa ser hombre o mujer. Estas normas pueden perpetuar estereotipos y expectativas restrictivas que limitan nuestras expresiones y roles de género. Al examinar críticamente estas creencias internalizadas sobre la masculinidad, podemos avanzar hacia una perspectiva más inclusiva y equitativa.

En ese sentido, veamos a continuación algunos puntos clave a considerar al reflexionar sobre nuestras creencias y valores en relación con la masculinidad:

| Cuestionar los estereotipos de género: Debemos analizar y desafiar los estereotipos tradicionales de masculinidad que pueden limitar la autenticidad y la diversidad de las experiencias masculinas.

Estos estereotipos incluyen expectativas de fuerza física, control emocional y dominio en todas las áreas de la vida. Reflexionar sobre si estas expectativas se alinean con nuestras propias experiencias y valores individuales es esencial.

| Examinar las normas sociales: Es importante examinar las normas sociales que influyen en nuestras creencias y comportamientos relacionados con la masculinidad. Esto incluye aspectos como la presión para "ser fuerte" o "no mostrar vulnerabilidad". Al cuestionar estas normas, podemos liberarnos de las expectativas restrictivas y permitirnos una gama más amplia de emociones y expresiones de género.

| Escuchar diferentes perspectivas: Es valioso escuchar y aprender de diferentes voces y experiencias. Esto implica dar espacio a las voces de aquellos que desafían las normas de género establecidas, como las personas transgénero, no binarias o aquellos que se adhieren a formas alternativas de masculinidad. Al hacerlo, ampliamos nuestra comprensión de la masculinidad y cuestionamos las creencias limitantes que hemos internalizado.

| Fomentar relaciones saludables y equitativas: Reflexionar sobre nuestras creencias y valores en relación con la masculinidad nos permite construir relaciones más saludables y equitativas. Esto implica desafiar los roles de género rígidos y fomentar la comunicación abierta, el respeto mutuo y la participación equitativa en la toma de decisiones en nuestras relaciones personales y profesionales.

|Educarse y participar en diálogos: Continuar educándonos sobre los problemas relacionados con la masculinidad y participar en diálogos significativos es esencial. Esto implica leer libros, artículos y estudios sobre género y masculinidad, así como participar en debates y actividades que promuevan la igualdad de género y la ruptura de los estereotipos de género.

En última instancia, reflexionar sobre las creencias y valores internalizados en relación con la masculinidad nos permite ser más auténticos, fomentar la igualdad de género y contribuir a la creación de una sociedad más inclusiva y equitativa para todas las personas, independientemente de su género.

CREENCIAS LIMITANTES

En la vida cotidiana, a menudo nos aferramos a una serie de creencias limitantes que nos restringen, impidiendo que seamos auténticamente vulnerables con nosotros mismos y con los demás.

La vulnerabilidad, lejos de ser una debilidad, es en realidad una fortaleza que nos permite conectarnos con nuestra verdadera esencia y crear relaciones significativas. En este punto, exploraremos la importancia de cuestionar y desafiar estas creencias limitantes para poder abrazar la vulnerabilidad como una herramienta poderosa para el crecimiento personal y la conexión humana genuina.

¿Qué son las creencias limitantes?

Las creencias limitantes son ideas arraigadas en nuestra mente que nos impiden alcanzar nuestro potencial pleno.

Estas creencias suelen ser internalizadas a lo largo de nuestra vida a través de experiencias pasadas, educación, cultura y entorno social.

En el contexto de la vulnerabilidad, las creencias limitantes pueden manifestarse como el miedo al rechazo, la necesidad de mantener una imagen de fortaleza o la idea de que mostrar nuestras debilidades es una señal de fracaso.

De esta manera, cuando nos aferramos a creencias limitantes, terminamos limitando nuestra capacidad para ser auténticos y vulnerables. La vulnerabilidad implica exponernos emocionalmente, abrirnos a la posibilidad de ser heridos o rechazados, y mostrarnos tal como somos, con todas nuestras luces y sombras.

Sin embargo, las creencias limitantes nos atan a una armadura de auto protección, que nos impide conectar de manera profunda con nosotros mismos y con los demás.

Cuestionando las creencias limitantes

Para poder abrazar la vulnerabilidad de manera genuina, es fundamental cuestionar y desafiar las creencias limitantes que nos impiden hacerlo. Esto implica reconocer estas creencias, analizar su origen y cuestionar su validez.

¿Estas creencias realmente nos están sirviendo? ¿Nos ayudan a crecer y a conectar con los demás de manera auténtica? Al cuestionar estas creencias limitantes, abrimos la puerta a nuevas perspectivas y oportunidades de crecimiento personal.

El camino hacia la autenticidad y la conexión

Al liberarnos de las cadenas de las creencias limitantes, nos abrimos a la posibilidad de vivir de manera auténtica y conectarnos de manera genuina con los demás. La vulnerabilidad nos permite mostrar nuestra humanidad, cultivar la empatía y fortalecer nuestras relaciones interpersonales.

Al ser vulnerables, no solo nos permitimos ser vistos y aceptados tal como somos, sino que también brindamos a los demás el espacio para hacer lo mismo.

En última instancia, cuestionar críticamente las creencias limitantes que nos impiden ser vulnerables es un paso fundamental en el camino hacia la autenticidad y la conexión humana genuina.

Al desafiar estas creencias, abrazamos nuestra vulnerabilidad como una fortaleza, no como una debilidad, y nos abrimos a la posibilidad de vivir de manera plena y enriquecedora.

Recordemos que en nuestra vulnerabilidad radica nuestra autenticidad, y que al liberarnos de las cadenas de nuestras creencias limitantes, cultivamos relaciones auténticas y significativas tanto con los demás como con nosotros mismos.

Reconociendo nuestras fortalezas y debilidades

Apreciar nuestras fortalezas y debilidades es un aspecto importante en nuestro crecimiento personal y bienestar emocional.

Muchas veces, tendemos a enfocarnos únicamente en nuestras fortalezas, resaltando nuestras habilidades y logros, mientras que ignoramos nuestras debilidades o tratamos de ocultarlas. Sin embargo, al hacer esto, nos perdemos la oportunidad de aceptarnos y comprendernos plenamente.

Reconocer nuestras fortalezas nos brinda confianza y nos impulsa a alcanzar nuestros objetivos. Nos ayuda a identificar nuestras áreas de experiencia y talento, y nos permite utilizar esas fortalezas para enfrentar desafíos y superar obstáculos. Al reconocer nuestras capacidades, podemos valorar y aprovechar al máximo nuestros dones únicos.

Pero también es importante reconocer nuestras debilidades. Aceptar nuestras limitaciones no significa ser derrotados o menospreciarnos, sino comprender que todos tenemos áreas en las que podemos mejorar. Al ser conscientes de nuestras debilidades, podemos buscar oportunidades de crecimiento y aprendizaje. Esto nos brinda la posibilidad de desarrollar nuevas habilidades, adquirir conocimientos y superar nuestros propios límites.

Cuando nos damos cuenta de que la vulnerabilidad no es una señal de debilidad, sino una experiencia compartida por todos, podemos sentirnos más conectados con los demás. Nadie es perfecto y experimentar momentos de vulnerabilidad no nos hace menos valiosos como personas. De hecho, abrirnos a la vulnerabilidad nos permite establecer conexiones auténticas y fortalecer nuestras relaciones.

Es a través de la vulnerabilidad que podemos mostrar nuestra verdadera esencia y permitir que otros nos apoyen y nos entiendan en un nivel más profundo.

Es esencial para nuestro autodesarrollo y bienestar. Reconociendo y aceptando quiénes somos en realidad, podemos vivir una vida más auténtica y plena. Al comprender que la vulnerabilidad no es una señal de debilidad, sino una oportunidad para crecer y conectarnos con los demás, podemos valorar nuestras experiencias completas y abrazar nuestra verdadera esencia.

***

Deconstruyendo la idea errónea de que ser vulnerable es contrario a la masculinidad y reconocerla como una señal de autenticidad y coraje.

***

La idea errónea de que ser vulnerable es contrario a la masculinidad ha sido una concepción arraigada en nuestra sociedad durante mucho tiempo. La creencia de que los hombres deben ser fuertes, invulnerables y reprimir sus emociones ha creado estereotipos dañinos y limitantes.

Sin embargo, deconstruir esta idea y reconocer la vulnerabilidad como una señal de autenticidad y coraje es esencial para la salud mental y emocional de los hombres.

La vulnerabilidad no es signo de debilidad, sino una muestra de valentía y autenticidad. Ser vulnerable implica reconocer y compartir nuestras emociones, miedos, inseguridades y experiencias personales de una manera abierta y honesta. Es permitirse mostrarse tal como somos, sin filtros ni pretensiones, y expresar nuestras necesidades y deseos.

Cuando los hombres se permiten ser vulnerables, se abren a la posibilidad de una conexión más profunda consigo mismos y con los demás. La capacidad de expresar y comunicar las emociones no solo promueve relaciones más íntimas y significativas, sino que también fomenta el autocrecimiento y la autorreflexión. Al enfrentar y explorar nuestras vulnerabilidades, podemos comprendernos mejor, enfrentar nuestros desafíos emocionales y liberarnos de la carga de las expectativas sociales restrictivas.

Ser vulnerable también implica aceptar nuestras propias imperfecciones y aprender a lidiar con los errores y fracasos sin juzgarnos de manera negativa.

Esto permite un crecimiento personal significativo y una mayor resiliencia emocional. Hay que reconocer que la vulnerabilidad es un acto de coraje que requiere desafiar los estereotipos tradicionales de masculinidad y construir una nueva narrativa que promueva una visión más amplia y saludable de lo que significa ser hombre.

La deconstrucción de la idea errónea de que ser vulnerable es contrario a la masculinidad no solo beneficia a los hombres individualmente, sino que también fomenta la creación de una sociedad más equitativa y compasiva. Al romper con estas creencias limitantes, estamos abriendo espacio para una masculinidad más fluida, empática y consciente, donde los hombres puedan abrazar plenamente su humanidad y vivir con autenticidad.

Reconocer la vulnerabilidad como una señal de autenticidad y coraje desafía los estereotipos de masculinidad y permite a los hombres vivir vidas más plenas y significativas. Al abrazar nuestra vulnerabilidad, podemos cultivar relaciones más auténticas y conectadas, promover un crecimiento personal significativo y jugar un papel importante en la construcción de una sociedad más equitativa y compasiva.

ESCUCHANDO NUESTRA VOZ INTERIOR

Desarrollar habilidades de auto-observación es fundamental para identificar y abordar los patrones de pensamiento, juicios y autocríticas que como hombres podemos internalizar. A menudo, debido a los roles de género y las expectativas sociales, nos encontramos atrapados en esquemas mentales negativos y autocríticos que impactan nuestra salud emocional y mental.

La auto-observación nos permite examinar conscientemente estos patrones y trabajar en transformarlos en pensamientos más saludables y constructivos.

La auto-observación implica cultivar una atención plena hacia nuestros pensamientos, emociones y comportamientos sin juzgarlos ni reprimirlos. Se trata de adoptar una actitud de curiosidad y aceptación hacia nuestras experiencias internas. Al hacerlo, podemos comenzar a identificar patrones y temas recurrentes en nuestros pensamientos, reconociendo cómo influyen en nuestra percepción de nosotros mismos y del mundo.

Los hombres, a menudo se enfrentan a pensamientos autocríticos sobre la masculinidad, emociones y habilidades. Pueden ser juzgados severamente por no cumplir con los estándares sociales o por creer en estereotipos restrictivos de la masculinidad. Al desarrollar habilidades de auto-observación, es posible reconocer estos patrones de pensamiento y comprender que son construcciones sociales, no necesariamente verdades. La auto-observación nos brinda la oportunidad de cuestionar nuestras autocríticas y juicios. Podemos preguntarnos si estos pensamientos son realistas o basados en estereotipos.

También podemos explorar su origen, como la influencia de la crianza, los medios de comunicación o las expectativas culturales. Al hacerlo, reconocemos que tenemos el poder de cambiar y desafiar estos pensamientos negativos.

Una vez que somos conscientes de nuestros patrones de pensamiento autocrítico, podemos trabajar en desarrollar una mentalidad más compasiva y realista. Podemos reemplazar los juicios negativos por afirmaciones positivas y realistas sobre nosotros mismos.

Además, podemos practicar el autocuidado y la autorreflexión para fortalecer nuestra salud emocional y mantener una actitud crítica constructiva cuando sea necesario.

La auto-observación también implica estar presentes en el momento presente y sintonizar con nuestras emociones. A menudo, como hombres, hemos aprendido a reprimir o ignorar nuestras emociones. Sin embargo, al practicar la auto-observación, podemos aprender a reconocer y validar nuestras emociones sin juzgarlas. Esto nos ayuda a desarrollar una mayor inteligencia emocional y a responder de manera más saludable y auténtica a nuestras propias necesidades y a las de los demás.

Desarrollar habilidades de auto-observación nos permite identificar y abordar los patrones de pensamiento, juicios y autocríticas que como hombres podemos enfrentar. Al hacerlo, podemos desafiar los patrones negativos de pensamiento, reemplazar el autojuicio por autocompasión y cultivar una mentalidad más saludable y constructiva. Además, la auto-observación nos ayuda a estar más conectados con nuestras emociones y a responder de manera más auténtica a nuestras necesidades y a las de los demás.

En ocasiones, debido a las expectativas culturales y de género, los hombres pueden enfrentar presiones para mostrar fortaleza, independencia y falta de emociones. Sin embargo, negar nuestras emociones y necesidades puede tener un impacto negativo en nuestra salud mental y afectar nuestras relaciones personales.

La compasión hacia uno mismo implica tratar nuestras propias dificultades y luchas con amabilidad y comprensión. Significa reconocer nuestra humanidad y aceptar que todos tenemos fallas, cometemos errores y enfrentamos desafíos.

Como hombres, a menudo nos ponemos expectativas irrealistas de perfección y fortaleza, lo que puede llevarnos a ser demasiado críticos y duros con nosotros mismos. La compasión hacia uno mismo nos permite recurrir a un enfoque más amable y gentil, reconociendo que también merecemos cuidado y apoyo.

La empatía hacia nosotros mismos implica comprender y aceptar nuestras propias experiencias emocionales. Como hombres, a veces podemos haber aprendido a reprimir o ignorar nuestras emociones para cumplir con las normas tradicionales de masculinidad.

Sin embargo, la empatía hacia uno mismo nos permite reconocer y validar nuestras emociones, ya sean positivas o negativas. Al honrar nuestras emociones, podemos tomar medidas para satisfacer nuestras necesidades emocionales y buscar el apoyo adecuado cuando sea necesario.

Ser vulnerable implica permitirnos mostrar nuestras emociones y ser honestos acerca de nuestras luchas y debilidades. La vulnerabilidad puede ser difícil porque puede hacer que nos sintamos expuestos o inseguros. Sin embargo, al practicar la compasión y la empatía hacia nosotros mismos, podemos desarrollar la confianza para ser auténticos y abrirnos a los demás.

La vulnerabilidad nos permite construir conexiones más profundas y significativas con los demás, al tiempo que nos libera del peso de la imagen de "hombre fuerte e invulnerable".

Para practicar la compasión y la empatía hacia nosotros mismos y permitirnos ser vulnerables, es importante:

| **Reconocer y validar nuestras emociones sin juzgarlas** es un aspecto fundamental para nuestro bienestar emocional y mental. Implica ser conscientes de las diferentes emociones que experimentamos a lo largo del día, prestando atención a cómo nos sentimos en distintas situaciones.

Al hacer esto, estamos fomentando la autoconciencia emocional, lo que nos ayuda a comprender mejor nuestros pensamientos, sentimientos y comportamientos.

La validación de nuestras emociones implica aceptar que todas ellas son legítimas y no hay emociones "correctas" o "incorrectas". Al darles espacio y reconocer su existencia, nos damos permiso para experimentarlas plenamente. Esto significa honrar nuestra humanidad y establecer una relación más sana con nosotros mismos.

Es importante recordar que todas las emociones, incluso las que percibimos como negativas, tienen un propósito y nos brindan información útil.

La tristeza, el enojo o cualquier otra emoción desafiante nos ayudan a adaptarnos a diferentes circunstancias. Validar estas emociones significa aceptarlas como parte de nuestra experiencia humana. Dicho proceso nos permite conectar con nosotros mismos de una manera más auténtica. Al hacerlo, cultivamos una mayor comprensión de nuestros propios sentimientos y necesidades emocionales. Este proceso no es algo que sucede de la noche a la mañana, sino que requiere práctica y paciencia constante.

Además, nos ayuda a fortalecer nuestra salud emocional y mental. Al permitirnos experimentar nuestras emociones plenamente, construimos una relación más saludable con nosotros mismos y nutrimos nuestro bienestar general. Es un proceso de autodescubrimiento continuo que nos brinda beneficios significativos en términos de bienestar y autenticidad personal.

| Hablar con amabilidad y gentileza hacia nosotros mismos es un acto poderoso que puede tener un impacto significativo en nuestra salud emocional y bienestar general. Al igual que lo haríamos con un amigo querido, podemos cultivar una relación compasiva y respetuosa con nosotros mismos.

En lugar de ser críticos y duros con nosotros mismos cuando enfrentamos desafíos o cometemos errores, podemos adoptar un enfoque comprensivo y empático. Reconocer nuestras limitaciones y aceptar nuestras imperfecciones nos permite abrazar nuestra humanidad y tratarnos con bondad.

Hablar con amabilidad hacia nosotros mismos implica cambiar el diálogo interno negativo por palabras de aliento y comprensión. Podemos desafiar los pensamientos negativos autocríticos y reemplazarlos por afirmaciones más positivas y motivadoras. En lugar de decirnos "no puedo hacerlo", podemos decirnos "estoy haciendo mi mejor esfuerzo" o "es normal cometer errores, puedo aprender de ellos".

La gentileza hacia nosotros mismos también implica cuidar nuestras necesidades emocionales y físicas. Podemos priorizar el autocuidado y dedicar tiempo para descansar, relajarnos y participar en actividades que nos brinden alegría y bienestar.

Del mismo modo, podemos establecer límites saludables al decir "no" cuando sea necesario, reconociendo que nuestras necesidades son igual de importantes.

Al hablar con amabilidad hacia nosotros mismos, construimos una base sólida de amor propio y autoaceptación. Esto no significa evitar el crecimiento personal o la autorreflexión crítica, sino abordarlos desde un lugar de compasión y apoyo en lugar de autodesprecio.

Es un acto de autocuidado y amor propio. Al tratarnos con la misma consideración que tendríamos hacia un amigo querido, podemos fomentar una relación más positiva con nosotros mismos, aumentar nuestra confianza y promover nuestro bienestar emocional.

| **Aceptar nuestras imperfecciones y errores** como parte normal del crecimiento y del ser humano es esencial para nuestro bienestar emocional y desarrollo personal.

Todos somos seres humanos imperfectos y propensos a cometer errores en diferentes áreas de nuestras vidas. Reconocer esto y abrazarlo nos permite cultivar una actitud de autocompasión y crecimiento.

Cuando nos permitimos aceptar nuestras imperfecciones, dejamos de luchar constantemente por alcanzar estándares de perfección inalcanzables. En cambio, nos damos permiso para ser vulnerables y aprender de nuestros errores.

El crecimiento personal viene acompañado de desafíos y contratiempos. Aceptar esto nos ayuda a mantener una perspectiva más realista y a liberarnos de la carga de las expectativas poco realistas que nos imponemos.

Aprender de nuestros errores nos brinda valiosas lecciones y oportunidades para crecer. Cada error cometido es una oportunidad para reflexionar, corregir y mejorar nuestras acciones futuras. Al permitirnos cometer errores, nos liberamos del miedo al fracaso y abrimos las puertas a la innovación, la creatividad y la exploración de nuevas posibilidades.

Es importante recordar que nuestros errores no definen nuestra valía como personas. Somos mucho más que nuestros errores y nuestras imperfecciones. Al aceptarlos, podemos separar nuestra identidad de nuestros fracasos y centrarnos en desarrollar nuestras fortalezas y potencialidades.

Aceptar nuestras imperfecciones y errores también nos permite cultivar una mayor empatía hacia los demás. Al ser conscientes de nuestra propia humanidad, podemos comprender mejor y ser más compasivos con los demás cuando cometen errores.

Esto fomenta una relación más genuina y conectada con los demás, donde el apoyo y el crecimiento mutuo son posibles.

Este proceso del crecimiento y del ser humano nos libera de la presión de ser perfectos y nos brinda la oportunidad de aprender, crecer y desarrollarnos. Al abrazar nuestra humanidad, cultivamos una actitud de autocompasión, crecimiento y empatía hacia nosotros mismos y los demás.

| **Buscar apoyo y compartir nuestras luchas y preocupaciones con personas de confianza** es una parte fundamental de nuestro bienestar emocional y crecimiento personal. Enfrentar nuestros desafíos en solitario puede resultar abrumador y agotador. Sin embargo, al abrirnos y compartir nuestras experiencias con otras personas, encontramos consuelo, perspectivas nuevas y un sentido de conexión que nos ayuda a superar nuestras dificultades.

Cuando nos acercamos a alguien de confianza, ya sea un amigo, familiar o profesional capacitado, creamos un espacio seguro donde podemos hablar honestamente sobre nuestras preocupaciones y desafíos.

Al verbalizar nuestros sentimientos y emociones, nos liberamos de la carga emocional que llevamos y nos damos la oportunidad de recibir apoyo y orientación.

Compartir nuestras luchas también puede brindarnos una nueva perspectiva. A veces, nuestras preocupaciones pueden nublar nuestra visión y hacernos sentir atrapados en un ciclo negativo. Sin embargo, al compartir nuestra historia, alguien puede ofrecernos una visión diferente, proporcionando ideas y soluciones que no habíamos considerado anteriormente. Estas nuevas perspectivas nos ayudan a ampliar nuestra forma de pensar y encontrar enfoques más eficaces para superar nuestros desafíos.

Además, al buscar apoyo, nos permitimos ser vulnerables y auténticos frente a las personas de confianza. Esto crea una conexión emocional más profunda y fortalece nuestras relaciones. Sentirnos escuchados y comprendidos nos brinda consuelo y nos recuerda que no estamos solos en nuestras luchas. Experimentar esta solidaridad y comprensión puede ser un poderoso catalizador para nuestro crecimiento personal y una fuente de apoyo continuo en el futuro.

Es importante tener en cuenta que buscar apoyo y compartir nuestras preocupaciones no implica que necesitemos buscar una solución inmediata. A veces, solo necesitamos un oído comprensivo y empático para procesar nuestras emociones y encontrar un sentido de alivio. El simple acto de compartir nuestras luchas puede generar un sentimiento de liberación y nos permite encontrar consuelo en la presencia y el apoyo de otros.

Buscar apoyo y compartir nuestras luchas y preocupaciones con personas de confianza nos brinda una valiosa oportunidad para aliviar nuestra carga emocional, obtener nuevas perspectivas y fortalecer nuestras relaciones. Al abrirnos a los demás, creamos un entorno de apoyo, comprensión y crecimiento personal que nos ayuda a superar y trascender nuestros desafíos.

| **Establecer límites saludables** es esencial para cuidar de nuestras necesidades emocionales y físicas. Al hacerlo, nos aseguramos de mantener un equilibrio adecuado entre

nuestras responsabilidades, compromisos y bienestar personal.

Estos límites actúan como una herramienta para proteger nuestra energía, tiempo y salud, mientras nos permiten establecer prioridades y asegurarnos de que nuestras propias necesidades no se descuiden.

Establecer límites comienza con el reconocimiento y la aceptación de nuestras propias limitaciones y necesidades. Es importante tener en cuenta que no podemos ser todo para todos, y está bien decir "NO" cuando sea necesario. A menudo, nos vemos obligados a asumir demasiadas responsabilidades o a aceptar compromisos adicionales debido a la presión social o al miedo a la desaprobación. Sin embargo, al establecer límites saludables, aprendemos a valorar y priorizar nuestro propio bienestar, y entendemos que nuestro tiempo y energía son recursos limitados.

Al establecer límites, comunicamos claramente nuestras necesidades y expectativas a los demás. Esto implica expresar nuestras emociones, deseos y límites de manera respetuosa y asertiva.

Al hacerlo, nos empoderamos y nos aseguramos de que nuestras necesidades sean tomadas en cuenta en las relaciones y situaciones en las que nos encontramos.

Al mismo tiempo, también nos abrimos a la posibilidad de un diálogo abierto y constructivo con quienes nos rodean, lo que fortalece nuestras relaciones basadas en el respeto mutuo.

Además, establecer límites nos permite preservar nuestra salud emocional y física al evitar el agotamiento y el estrés innecesario. Al establecer límites claros en términos de nuestro tiempo de descanso, actividades de autocuidado y espacio personal, evitamos el exceso de compromisos y nos aseguramos de tener tiempo para recargar nuestras energías y cuidar de nosotros mismos. Estos límites también nos ayudan a identificar y evitar situaciones o personas tóxicas y perjudiciales que puedan afectar negativamente nuestra salud y bienestar.

Finalmente, establecer límites saludables nos ayuda a construir una mayor autoestima y autoconfianza. Al defender nuestros límites, mostramos respeto hacia nosotros mismos y mostramos a los demás cómo queremos ser tratados. A medida que aprendemos a establecer y mantener límites saludables, nos convertimos en mejores administradores de nuestras necesidades y nos sentimos más seguros y empoderados en nuestras interacciones con los demás.

Es una parte esencial de cuidar de nuestras necesidades emocionales y físicas. Nos permite equilibrar nuestras responsabilidades con nuestro bienestar personal y nos ayuda a comunicar nuestras necesidades de manera respetuosa y asertiva. Al establecer límites, protegemos nuestra salud, preservamos nuestra energía y fortalecemos nuestras relaciones basadas en el respeto mutuo.

| **El autocuidado es una práctica esencial en nuestras vidas**, que implica dedicar tiempo y atención a nuestro propio bienestar. Al cultivar actividades que nos brindan alegría y bienestar, estamos estableciendo un vínculo positivo con nosotros mismos y priorizando nuestro cuidado en medio de las demandas diarias.

Practicar el autocuidado abarca diferentes aspectos de nuestra vida. En términos físicos, implica cuidar de nuestro cuerpo a través de la actividad física regular, una alimentación equilibrada y el descanso adecuado. Al mantenernos activos, fortalecemos nuestro estado físico y mejoramos nuestra salud en general.

Además, una dieta nutritiva nos proporciona los nutrientes necesarios para funcionar correctamente y nos ayuda a mantener un equilibrio físico y emocional.

El autocuidado también se relaciona con nuestro bienestar emocional y mental. Aquí es donde entran en juego actividades que nos aportan alegría y satisfacción. Estas actividades pueden variar según los gustos y preferencias de cada individuo. Puede tratarse de leer un libro, escuchar música, disfrutar de una caminata en la naturaleza, practicar alguna forma de arte, dedicar tiempo a una afición o simplemente relajarse y descansar. Estas actividades nos permiten desconectarnos de las preocupaciones y el estrés diario, brindándonos momentos de felicidad y renovación.

Parte del autocuidado implica también el cuidado de nuestras relaciones personales. Mantener conexiones saludables y significativas con otras personas es esencial para nuestro bienestar. Pasar tiempo con amigos y seres queridos, compartir nuestras experiencias y emociones, y recibir apoyo emocional nos ayuda a sentirnos amados, valorados y comprendidos. Estas relaciones nos brindan un sentido de pertenencia y nos ayudan a lidiar con los altibajos de la vida.

Además, es importante establecer límites en nuestras relaciones y actividades. Aprender a decir "no" cuando es necesario y establecer límites claros nos permite proteger nuestra energía y bienestar.

Reservar tiempo para nosotros mismos y priorizar nuestras necesidades es fundamental para mantener un equilibrio saludable en nuestras vidas.

El autocuidado implica dedicar tiempo y atención a nuestro bienestar en todos los aspectos de la vida. Practicar actividades que nos brindan alegría y bienestar nos ayuda a mantener un equilibrio físico, emocional y mental. Al cultivar el autocuidado, estamos invirtiendo en nuestra propia felicidad y calidad de vida, lo que nos permite enfrentar los desafíos diarios con mayor resiliencia y fortaleza.

| **Cultivar la conexión emocional** con los demás es una habilidad valiosa que nos permite establecer relaciones más profundas y significativas. La conexión emocional se basa en la capacidad de escuchar activa y sinceramente a los

demás, así como en la expresión honesta de nuestras propias necesidades y emociones.

La escucha activa es un componente fundamental para cultivar una conexión emocional auténtica. Implica prestar atención completa y sin prejuicios a lo que la otra persona está comunicando, no solo a sus palabras, sino también a sus gestos, expresiones faciales y emociones subyacentes.

Requiere estar plenamente presente en el momento, dejando de lado nuestras distracciones y preocupaciones para comprender verdaderamente las experiencias del interlocutor.

A través de la escucha activa, demostramos a los demás que nos importan y que valoramos sus sentimientos y perspectivas. Esto establece una base de confianza y apertura en nuestras relaciones, lo que facilita una mayor conexión emocional. Al prestar atención y validar las emociones de los demás, les brindamos la oportunidad de sentirse comprendidos y apoyados, fortaleciendo así los lazos emocionales.

Además de practicar la escucha activa, es crucial expresar de manera honesta nuestras propias necesidades y emociones. Esto implica ser conscientes de nuestras emociones y necesidades, y tener la confianza y el coraje para comunicarlas abiertamente a los demás. Al hacerlo, permitimos que los demás nos comprendan mejor y nos brinden el apoyo y la atención necesarios. Además, al compartir nuestras emociones de manera auténtica, creamos un espacio para la empatía y la conexión emocional recíproca.

Es importante tener en cuenta que la expresión honesta de nuestras necesidades y emociones debe llevarse a cabo de manera respetuosa y considerada. La intención es fomentar la comprensión y la cercanía, no generar conflictos o negar las emociones y necesidades de los demás. La comunicación abierta y honesta nos permite construir puentes emocionales con los demás, promoviendo una mayor comprensión, confianza y conexión en nuestras relaciones.

Cultivar la conexión emocional con los demás implica practicar tanto la escucha activa como la expresión honesta de nuestras necesidades y emociones. Al desarrollar estas habilidades, fomentamos relaciones más profundas y significativas, basadas en la comprensión mutua y el apoyo emocional.

La conexión emocional nos proporciona un sentido de pertenencia y bienestar, permitiéndonos establecer relaciones más auténticas y enriquecedoras con los demás.

CULTIVANDO LA AUTORREFLEXIÓN

Fomentar la práctica de la autorreflexión regular es una herramienta valiosa para el crecimiento personal y el desarrollo de una mayor conciencia de nuestras acciones y elecciones pasadas. La autorreflexión nos invita a examinar nuestras experiencias pasadas, identificar patrones de comportamiento y pensar en cómo podemos mejorar nuestras decisiones futuras.

La autorreflexión implica dedicar tiempo a reflexionar honesta y profundamente sobre nuestras acciones, elecciones y sus consecuencias. Nos permite evaluar nuestras fortalezas y debilidades, reconocer áreas en las que hemos tenido éxito e identificar oportunidades de crecimiento y mejora personal.

Al fomentar la autorreflexión, podemos lograr varios beneficios:

| **Autoconocimiento**: La autorreflexión nos ayuda a comprender quiénes somos realmente, nuestras motivaciones y valores fundamentales, permitiéndonos explorar nuestras emociones, creencias y pensamientos de manera más profunda.

El autoconocimiento masculino es un aspecto fundamental para el crecimiento personal y el desarrollo de relaciones saludables. Se refiere a la capacidad de un hombre para entenderse a sí mismo: sus emociones, pensamientos, fortalezas, debilidades y valores. El autoconocimiento puede abarcar varios aspectos, como la identidad de género, la sexualidad, las expectativas sociales y culturales, y la manera en que estos elementos influyen en su vida y en sus relaciones.

Implica reflexionar sobre las creencias y los patrones de pensamiento arraigados en la sociedad y la cultura en relación con la masculinidad. Esto implica cuestionar las normas y estereotipos culturales de lo que significa ser un hombre y explorar cómo estas expectativas pueden afectar la manera en que se ve a sí mismo y se relaciona con los demás.

Para desarrollar un mayor autoconocimiento, es importante examinar las experiencias de vida, tanto pasadas como presentes, y considerar cómo han influido en la formación de la identidad y las emociones. Esto puede implicar explorar experiencias familiares, relaciones íntimas, amistades y situaciones profesionales.

Además, puede ser útil buscar apoyo de profesionales de la salud mental, como terapeutas o grupos de apoyo, para facilitar este proceso de autoexploración. También implica ser consciente de las actitudes y comportamientos que pueden perpetuar la masculinidad tóxica. Esto implica reconocer y desafiar los roles de género restrictivos y las presiones sociales que pueden limitar la expresión emocional, la vulnerabilidad y la capacidad de conexión significativa. Al reconocer y trabajar en estas áreas, los hombres pueden cultivar una mayor autenticidad, empatía y comprensión en sus relaciones.

El desarrollo del autoconocimiento masculino puede ser un proceso continuo y desafiante. Requiere valentía y disposición para mirar hacia adentro, abordar las creencias arraigadas y los modelos de comportamiento negativos, y buscar crecimiento y cambio personal. Sin embargo, este proceso es esencial para construir una identidad masculina sólida y saludable, así como para establecer relaciones más significativas y equitativas con los demás.

Es un proceso de exploración y reflexión que permite a los hombres comprenderse mejor a sí mismos, así como entender sus emociones y patrones de pensamiento.

Implica cuestionar las expectativas culturales y de género, así como desafiar los comportamientos y creencias perjudiciales. El autoconocimiento masculino es crucial para el desarrollo personal y la construcción de relaciones más saludables y auténticas.

| **Aprendizaje**: Al examinar nuestras acciones y elecciones pasadas, podemos aprender lecciones valiosas de nuestras experiencias. Identificar los éxitos y los errores cometidos nos brinda información clave para tomar decisiones más informadas y responsables en el futuro. El autoaprendizaje refiere al proceso de adquirir conocimiento y comprensión sobre uno mismo a través de la exploración

interna y la reflexión psicológica. Implica profundizar en aspectos emocionales, cognitivos y comportamentales para cultivar un mayor entendimiento y crecimiento personal.

En el contexto del autoaprendizaje, los hombres pueden explorar y comprender sus propias emociones y cómo estas pueden influir en su pensamiento y comportamiento.

Esto puede requerir la identificación y expresión de una amplia gama de emociones, desafiando la noción tradicional de que los hombres deben reprimir o negar ciertos sentimientos. Al aumentar la conciencia emocional, los hombres pueden aprender a manejar mejor el estrés, la ansiedad y otras dificultades emocionales.

Además, el autoaprendizaje masculino a nivel psicológico implica explorar y comprender los patrones de pensamiento y creencias arraigadas que pueden afectar la percepción de uno mismo y del mundo. Estos patrones pueden incluir ideas limitantes sobre la masculinidad, la vulnerabilidad emocional, la resolución de problemas y la comunicación. Mediante la exploración y el desafío de estos patrones de pensamiento, los hombres pueden desarrollar una mentalidad más flexible, adaptativa y saludable.

Asimismo, el autoaprendizaje masculino implica comprender cómo las experiencias pasadas pueden haber moldeado la identidad y las actitudes actuales. Esto puede incluir la exploración de la infancia, las relaciones familiares y las influencias culturales.

Al reconocer las experiencias tempranas que pueden haber contribuido a patrones de pensamiento y comportamiento problemáticos, los hombres pueden trabajar para liberarse de esas influencias y construir una identidad más auténtica y saludable.

También puede incluir la adquisición de nuevas habilidades y conocimientos que contribuyan al bienestar emocional y mental. Esto puede implicar buscar recursos, herramientas y técnicas de afrontamiento para manejar efectivamente el estrés, mejorar la resiliencia emocional y fomentar relaciones saludables. Al buscar activamente el crecimiento y la mejora personal, los hombres pueden fortalecer su bienestar psicológico y desarrollar una mayor confianza en sí mismos.

A nivel psicológico implica la exploración interna y la reflexión para adquirir conocimiento y comprensión sobre uno mismo, especialmente en relación con las emociones, los patrones de pensamiento y las influencias pasadas. A través de este proceso, los hombres pueden desarrollar una mayor conciencia emocional, desafiar creencias limitantes y adquirir habilidades y conocimientos que contribuyan a su bienestar psicológico y crecimiento personal.

| **Identificación de patrones**: La autorreflexión nos permite detectar patrones de comportamiento repetitivos que pueden estar afectando nuestra felicidad o nuestro progreso. Si somos conscientes de estos patrones, podemos tomar medidas para cambiar y crecer. La identificación de patrones en la personalidad masculina implica reconocer y comprender las características comunes, las tendencias y las formas de comportamiento que suelen presentarse en los hombres. Estos patrones pueden estar influenciados por factores como la biología, la socialización de género y las experiencias de vida individuales. Es importante tener en cuenta que los patrones en la personalidad masculina no son absolutos y no todos los hombres se ajustan a ellos. Cada individuo es único y puede mostrar una combinación de diferentes rasgos y características.

Algunos patrones que se han observado en la personalidad masculina incluyen:

- **Independencia y autonomía**: Los hombres a menudo valoran su autonomía y muestran una preferencia por tomar decisiones y resolver problemas de manera independiente.

- **Competitividad**: Los hombres tienden a tener una tendencia hacia la competencia en diferentes áreas de la vida, ya sea en el trabajo, los deportes o las relaciones interpersonales.

- **Dominancia y asertividad**: Algunos hombres pueden mostrar una mayor tendencia a buscar el liderazgo, influencia y control en sus interacciones sociales.

- **Supresión emocional**: Históricamente, a los hombres se les ha enseñado a reprimir sus emociones y mostrar una actitud de fortaleza emocional. Esto puede llevar a dificultades para identificar y expresar emociones de manera saludable.

- **Necesidad de cumplir expectativas de género**: Los hombres pueden sentir la presión de cumplir con los roles de género tradicionales, lo que puede influir en su comportamiento y en cómo se perciben a sí mismos.

- **Orientación hacia la resolución de problemas**: Los hombres pueden mostrar una inclinación hacia la búsqueda de soluciones prácticas y lógicas frente a los desafíos y dificultades.

Es importante destacar que estos patrones son generales y que existen variaciones significativas en la personalidad masculina debido a la diversidad individual y cultural. Cada hombre tiene una identidad y una personalidad única que puede estar influenciada por múltiples factores.

En conclusión, la identificación de patrones en la personalidad masculina implica reconocer características comunes como la independencia, la competencia, la dominancia, la supresión emocional, el cumplimiento de expectativas de género y la orientación hacia la resolución de problemas.

Sin embargo, es fundamental recordar que estos patrones no definen a todos los hombres y que cada persona tiene una identidad y personalidad única.

| **Responsabilidad personal**: Al mirar retrospectivamente nuestras acciones, asumimos la responsabilidad de nuestras decisiones y su impacto en nuestras vidas y en la vida de los demás. Esto nos ayuda a cultivar un sentido de responsabilidad personal y a tomar medidas proactivas para corregir el rumbo si es necesario.

Para fomentar la autorreflexión regular, aquí hay algunos pasos que puedes seguir:

| **Espacio y tiempo**: Encuentra un lugar tranquilo donde puedas estar solo y sin interrupciones. Establece un momento regular para la autorreflexión, ya sea diaria, semanal o mensualmente, según tus preferencias y disponibilidad.

| **Preguntas reflexivas**: Formula preguntas que te inviten a reflexionar sobre tus acciones y elecciones pasadas.

Algunas preguntas útiles podrían ser: ¿Qué decisiones tomé y por qué? ¿Cuáles fueron las consecuencias de esas decisiones? ¿Qué puedo aprender de ellas? ¿Cómo me afectaron emocionalmente? ¿Hubo pautas o temas comunes en mis acciones pasadas?

| **Honestidad y autocompasión**: Sé honesto contigo mismo durante el proceso de autorreflexión. Reconoce tus fortalezas y debilidades sin juzgarte demasiado. Practica la autocompasión, recordándote a ti mismo que todos cometemos errores y que la autorreflexión no se trata de culparse, sino de crecer y mejorar.

| **Registro por escrito**: Considera llevar un diario o escribir tus reflexiones en un cuaderno. Escribir puede ayudarte a organizar tus pensamientos y a mantener un registro de tus reflexiones para futuras referencias.

| **Acción y cambio**: Una vez que hayas identificado áreas en las que te gustaría mejorar, establece metas realistas y toma medidas concretas para implementar esos cambios

en tu vida diaria. La autorreflexión solo es útil si se traduce en acciones positivas y sostenibles.

Fomentar la práctica de la autorreflexión regular nos permite examinar nuestras acciones y elecciones pasadas con el objetivo de crecer y mejorar como personas.

Al invertir tiempo y esfuerzo en este proceso, podemos desarrollar un mayor autoconocimiento, aprender de nuestras experiencias y crear un cambio positivo en nuestras vidas.

Identificar cómo nuestras actitudes y comportamientos han sido influenciados por estereotipos culturales y aprender a ser más conscientes de nuestras intenciones es un proceso importante para desarrollar una mentalidad más abierta, inclusiva y libre de prejuicios.

A menudo, las ideas y creencias arraigadas en nuestra cultura pueden influir en la forma en que percibimos a los demás y cómo interactuamos con ellos.

Al reflexionar sobre esto, podemos comenzar a cuestionar y desafiar esos estereotipos y trabajar hacia una mayor conciencia y comprensión.

Aquí hay algunos puntos clave para considerar al examinar la influencia de los estereotipos culturales y ser más conscientes de nuestras intenciones:

| **Reconocer los estereotipos culturales**: Los estereotipos culturales son ideas simplificadas y generalizadas sobre grupos específicos de personas que se basan en atributos culturales, como raza, etnia, género, religión o nacionalidad. Es fundamental reconocer que estos estereotipos existen y pueden influir en nuestras actitudes y comportamientos de manera subconsciente.

| **Autoevaluación y reflexión**: Es importante examinar nuestras propias actitudes y creencias en busca de posibles influencias de estereotipos culturales. Pregúntate a ti mismo: ¿Qué suposiciones hago sobre las personas basadas en su cultura? ¿Cómo me han impactado los estereotipos culturales en mis interacciones? ¿En qué medida he sido consciente de mis propias actitudes y comportamientos influenciados por estereotipos culturales?

| **Ampliar perspectivas**: Busca activamente exposición a diferentes culturas y grupos de personas. Esto puede incluir leer, asistir a eventos culturales, escuchar perspectivas de personas de diferentes orígenes y viajar. Estas experiencias pueden ayudarte a desafiar tus propias suposiciones y estereotipos, y ampliar tu conocimiento y comprensión de otras culturas.

| **Escucha empática y preguntas reflexivas**: Cuando interactúes con personas de diferentes culturas, practica la escucha activa y la empatía. No des por sentado los estereotipos culturales y evita hacer juicios rápidos. En cambio, haz preguntas abiertas y reflexivas para comprender mejor las perspectivas y experiencias individuales.

| **Aprender sobre la diversidad dentro de las culturas**: Es importante reconocer que las culturas son diversas y no se pueden reducir a estereotipos simplificados. Aprende sobre la diversidad dentro de una cultura específica y evita generalizar o hacer suposiciones basadas en estereotipos culturales.

| **Desafiar los sesgos inconscientes:** Los sesgos inconscientes son prejuicios automáticos que todos tenemos y que afectan nuestras actitudes y decisiones sin que nos demos cuenta. Al ser conscientes de nuestros sesgos inconscientes, podemos trabajar para desafiarlos y tomar decisiones más objetivas y justas.

| **Autorreflexión constante:** Practica la autorreflexión regularmente para evaluar tus interacciones y comportamientos. Pregunta si tus acciones están motivadas por estereotipos culturales o prejuicios inconscientes. Sé honesto contigo mismo y busca oportunidades para crecer y mejorar.

Recordemos que ser consciente de nuestros propios estereotipos culturales y trabajar para desafiarlos requiere tiempo, esfuerzo y humildad. A través de un esfuerzo continuo por ser más conscientes de nuestras intenciones y cuestionar nuestros propios prejuicios, podemos desarrollar una mentalidad más compasiva, inclusiva y libre de estereotipos culturales.

Hemos explorado cómo la autoconciencia es un punto de partida crucial para abrazar la vulnerabilidad masculina. Mediante la comprensión de nuestras emociones, la exploración de nuestras creencias y valores, y el reconocimiento de nuestras debilidades y fortalezas, podemos comenzar a desafiar los estereotipos culturales y abrirnos a la vulnerabilidad de manera más auténtica. Al escuchar nuestra voz interior y cultivar la autorreflexión, nos damos la oportunidad de conectarnos más profundamente con nosotros mismos y de vivir una vida más auténtica y enriquecedora.

A continuación, exploraremos la conexión entre la vulnerabilidad y la verdadera fortaleza masculina, desafiando aún más las concepciones erróneas comunes y brindando perspectivas nuevas y poderosas sobre el tema.

HERRAMIENTAS Y PRÁCTICAS

Cómo desarrollar una mayor autoconciencia emocional y psicológica

La autoconciencia nos permite comprender y reconocer nuestros pensamientos, emociones, patrones de comportamiento y cómo estos afectan nuestra vida diaria. A continuación, mencionaré algunas herramientas y prácticas efectivas para fomentar y fortalecer la autoconciencia emocional y psicológica:

| **Mindfulness o atención plena**: La práctica de mindfulness implica prestar atención plena al momento presente, sin juzgar o reaccionar de inmediato. A través de la meditación y la atención plena en nuestras actividades

diarias, podemos desarrollar una mayor conciencia de nuestras emociones y pensamientos sin identificarnos con ellos.

| **Llevar un diario de emociones**: Mantener un diario emocional puede ser una herramienta poderosa para explorar y comprender nuestras emociones.

Dedica tiempo regularmente para escribir tus sentimientos, pensamientos y experiencias. Esto te ayudará a detectar patrones emocionales y a tener una visión más clara de tus propias reacciones.

| **Terapia**: Buscar la ayuda de un profesional de la salud mental, como un psicólogo o terapeuta, puede ser beneficioso para desarrollar una mayor autoconciencia emocional y psicológica. A través de las sesiones terapéuticas, puedes explorar tus pensamientos y emociones en un entorno seguro y confidencial, y recibir orientación para comprender mejor tus patrones de comportamiento y cómo mejorarlos.

| **Educación emocional**: Aprender sobre las diferentes emociones y cómo se manifiestan en nuestro cuerpo y mente puede aumentar nuestra conciencia emocional. Leer libros, asistir a talleres o hacer cursos sobre inteligencia y educación emocional proporciona herramientas y conocimientos prácticos para comprender y regular tus emociones.

| **Retroalimentación externa**: Buscar retroalimentación de personas de confianza, como amigos cercanos o familiares, puede ser una forma efectiva de desarrollar una mayor autoconciencia. Pídeles que te brinden su opinión sincera sobre tus fortalezas y áreas de mejora, incluyendo tus patrones emocionales y comportamientos.

| **Autoexploración y autorreflexión**: Dedica tiempo regularmente para la autorreflexión y la autoexploración. Pregúntate a ti mismo sobre tus valores, creencias, metas y cómo te sientes en diferentes situaciones. Cuestiona tus pensamientos y emociones para comprender mejor su origen y cómo te afectan.

| **Práctica de la autocompasión**: Cultivar la autocompasión es esencial en el desarrollo de una mayor autoconciencia. Acepta tus debilidades y limitaciones, y trátate con amabilidad y comprensión en lugar de juzgarte de manera negativa. Permite que tus emociones sean experiencias válidas y acoge tanto las positivas como las negativas sin resistencia.

Estas herramientas y prácticas pueden ser útiles para fomentar una mayor autoconciencia emocional y psicológica. Sin embargo, recuerda que es un proceso individual y requiere dedicación y práctica continua.

Al desarrollar una mayor autoconciencia, estarás mejor equipado para comprender tus emociones, manejar el estrés y mejorar tu bienestar emocional y psicológico.

CAPÍTULO 4:
FORTALEZA

A menudo, la sociedad tiende a asociar la vulnerabilidad con la debilidad, especialmente en el caso de los hombres. Sin embargo, argumentaremos que la capacidad de mostrarse vulnerable es un signo de un hombre fuerte y valiente.

Examinaremos cómo la vulnerabilidad puede fortalecer las relaciones, fomentar el crecimiento personal y permitir a los hombres vivir de manera más auténtica y plena.

DESMONTANDO ESTEREOTIPOS

En la sociedad actual, los estereotipos culturales sobre la masculinidad han perpetuado una imagen distorsionada del hombre como ser fuerte, indiferente emocionalmente y resistente a mostrar vulnerabilidades.

Estos estereotipos, arraigados en expectativas sociales y culturales, han limitado la capacidad de los hombres para conectarse de manera auténtica consigo mismos y con los demás.

La correlación entre masculinidad y fortaleza física

Uno de los estereotipos más arraigados es la asociación de la masculinidad con la fortaleza física. Desde una edad temprana, a los hombres se les inculca la idea de que deben ser fuertes, valientes y capaces de resolver conflictos mediante la violencia o la agresión.

Esta imagen de masculinidad basada en la fortaleza física no solo promueve una cultura de toxicidad y competencia, sino que también excluye a aquellos hombres que no se ajustan a estos estándares poco realistas.

La indiferencia emocional como rasgo masculino

Otro estereotipo común es la idea de que los hombres deben ser indiferentes emocionalmente, reprimiendo sus sentimientos y mostrando una actitud de dureza e insensibilidad. Esta expectativa de ocultar las emociones y no mostrar vulnerabilidad ha llevado a una epidemia de soledad y aislamiento emocional entre los hombres.

La incapacidad de expresar y compartir sus sentimientos puede tener consecuencias devastadoras en la salud mental y en las relaciones interpersonales.

La resistencia a compartir vulnerabilidades

Además, la presión cultural sobre los hombres para no mostrar vulnerabilidad ha generado una barrera en la comunicación emocional y en la creación de relaciones auténticas y significativas. La resistencia a compartir vulnerabilidades puede dificultar el acceso a apoyo emocional y a la construcción de conexiones profundas con los demás.

Al ocultar sus vulnerabilidades, los hombres se ven obligados a cargar solos con sus cargas emocionales, lo que puede resultar en un impacto negativo en su bienestar psicológico y emocional.

DESAFIANDO LOS ESTEREOTIPOS Y PROMOVIENDO UNA MASCULINIDAD SANA

Es fundamental desafiar estos estereotipos culturales y fomentar una narrativa más inclusiva y comprensiva de la masculinidad. Promover la expresión emocional, el autocuidado, la vulnerabilidad y la empatía en los hombres no solo beneficia a nivel individual, sino que también contribuye a la creación de comunidades más equitativas y compasivas. Al alentar a los hombres a explorar y compartir sus vulnerabilidades, se les brinda la oportunidad de vivir de manera más auténtica, plena y conectada con los demás.

En última instancia, es esencial desmontar los estereotipos que vinculan la masculinidad con la fortaleza física, la indiferencia emocional y la resistencia a compartir vulnerabilidades. Al desafiar estas expectativas culturales restrictivas, se allana el camino hacia una masculinidad más saludable, equilibrada y empática. Alentemos a los hombres a abrazar su vulnerabilidad, a expresar sus emociones y a cultivar relaciones basadas en la autenticidad y la conexión genuina. Solo así podremos romper los moldes limitantes y fomentar una masculinidad más diversa, inclusiva y enriquecedora para todos.

Rompiendo barreras: Hacia una nueva masculinidad basada en la autenticidad y la apertura emocional

En la era actual, la necesidad de desafiar los estereotipos culturales arraigados en torno a la masculinidad se presenta como un imperativo para fomentar una sociedad más equitativa y compasiva. Promover una nueva definición de la masculinidad, basada en la autenticidad y la apertura emocional, es crucial para empoderar a los hombres a romper con las limitaciones impuestas por expectativas obsoletas y cultivar relaciones más significativas consigo mismos y con los demás.

Cuestionando los estereotipos tradicionales de la masculinidad

Durante décadas, la sociedad ha impuesto unos estereotipos rígidos que han moldeado la percepción de lo que significa ser un hombre. La fortaleza física, la indiferencia emocional y la resistencia a mostrar vulnerabilidad han sido características asociadas con la masculinidad idealizada.

Sin embargo, es fundamental cuestionar estas expectativas restrictivas y obsoletas que han limitado el potencial de los hombres para expresarse plenamente y relacionarse de manera auténtica con su entorno.

Fomentando la autenticidad como pilar de una nueva masculinidad

La autenticidad se erige como una cualidad fundamental en la construcción de una nueva definición de la masculinidad. Ser auténtico implica ser fiel a uno mismo, mostrar coherencia entre lo que se piensa, se siente y se actúa. Permitir a los hombres explorar y expresar su verdadera esencia sin temor al juicio o a la reprobación es esencial para promover un sentido de identidad genuina y fortalecedora.

La autenticidad no solo empodera a los hombres a abrazar su singularidad, sino que también les brinda la libertad de romper con los estereotipos limitantes y forjar un camino propio.

La apertura emocional como clave para la conexión humana

Asimismo, la apertura emocional desempeña un papel fundamental en la redefinición de la masculinidad. Permitirse sentir y expresar emociones de manera abierta y honesta es un acto de valentía que no solo fortalece el bienestar emocional de los hombres, sino que también facilita la conexión y la intimidad en las relaciones interpersonales. Al desafiar la idea de que mostrar emociones es sinónimo de debilidad, los hombres se permiten a sí mismos ser vulnerables y auténticos, creando lazos más profundos y significativos con quienes los rodean.

Construyendo una masculinidad inclusiva y enriquecedora

Al desafiar los estereotipos tradicionales y promover una nueva definición de la masculinidad basada en la autenticidad y la apertura emocional, se abre la puerta a la creación de una sociedad más diversa, comprensiva y justa.

Impulsar a los hombres a ser fieles a sí mismos, a explorar sus emociones y a compartir sus vulnerabilidades no solo contribuye a su crecimiento personal, sino que también enriquece las relaciones humanas y la comunidad en su conjunto. Al abrazar una masculinidad más inclusiva y enriquecedora, todos podemos beneficiarnos de la diversidad y la riqueza que cada individuo aporta a la mesa.

En resumen, desafiar los estereotipos culturales arraigados en torno a la masculinidad para promover una nueva definición basada en la autenticidad y la apertura emocional es un paso crucial hacia la construcción de una sociedad más igualitaria y empática.

Al fomentar la autenticidad y la apertura emocional en los hombres, no solo fomentamos su crecimiento personal, sino que también fortalecemos la calidad de las relaciones humanas y la cohesión social. Romper barreras, abrir espacios para la diversidad y celebrar la singularidad de cada individuo son pilares fundamentales en la construcción de una nueva masculinidad que abraza la autenticidad y la conexión emocional como valores centrales.

EMPODERAMIENTO A TRAVÉS DE LA VULNERABILIDAD

En una sociedad que a menudo equilibra la fortaleza con la supresión de emociones y la ocultación de vulnerabilidades, es fundamental reevaluar nuestra percepción de la vulnerabilidad como un signo de debilidad. De hecho, abrirse y compartir vulnerabilidades puede ser un acto de valentía y fuerza, demostrando una profunda autenticidad y empoderamiento emocional.

Pero, viéndolo desde otra óptica, la vulnerabilidad puede ser un camino hacia la fortaleza personal y una forma poderosa de conexión humana.

Abrazar la vulnerabilidad significa permitirse mostrar al mundo nuestra humanidad compartiendo nuestras experiencias, emociones y pensamientos más profundos y sinceros. Al hacerlo, nos liberamos de la máscara de la perfección y nos conectamos con otros de una manera auténtica y significativa.

La vulnerabilidad nos permite ser honestos con nosotros mismos y con los demás, creando un espacio para la comprensión mutua y la empatía genuina.

La valentía de mostrarse sin escudos

Compartir nuestras vulnerabilidades requiere coraje y valentía. En un entorno donde la vulnerabilidad suele asociarse con debilidad, revelar nuestras heridas emocionales o inseguridades puede percibirse como riesgoso. Sin embargo, el verdadero valor radica en la capacidad de mostrarse tal como somos, sin escudos ni barreras. Al enfrentar nuestros miedos y exponernos de manera auténtica, demostramos una fuerza interna que trasciende las expectativas culturales limitantes.

Empoderamiento a través de la vulnerabilidad

Al compartir nuestras vulnerabilidades, no solo nos permitimos a nosotros mismos sanar y crecer, sino que también brindamos un espacio seguro para que otros hagan lo mismo. La apertura emocional y la vulnerabilidad nos conectan en un nivel humano profundo, fortaleciendo nuestras relaciones y fomentando un sentido de comunidad y apoyo mutuo.

En lugar de debilitarnos, la vulnerabilidad nos capacita para ser más auténticos, compasivos y resilientes en la adversidad.

La fortaleza en la deconstrucción de estereotipos

Al desafiar la noción de que la vulnerabilidad es sinónimo de debilidad, desmantelamos los estereotipos que limitan nuestra capacidad de crecimiento y conexión emocional. Al redefinir la vulnerabilidad como una expresión de autenticidad y valentía, abrimos paso a una narrativa más compasiva y empoderadora en la que nuestras imperfecciones y emociones se celebran como fuerzas que nos unen en nuestra humanidad compartida.

Abrirse y compartir vulnerabilidades es un acto de valentía y fuerza interna que nos permite desarrollar una mayor autenticidad, compasión y conexión con nosotros mismos y con los demás. Al desafiar la percepción convencional de la vulnerabilidad como debilidad, abrimos la puerta a una forma de ser más auténtica, empática y empoderada.

Al final, la vulnerabilidad no disminuye nuestra fortaleza, sino que la nutre y enriquece, creando un camino hacia una vida más plena y significativa basada en la autenticidad y la conexión humana genuina.

La fuerza de la vulnerabilidad: Fortaleciendo relaciones íntimas a través de la confianza y la conexión emocional

En el tejido de las relaciones íntimas, la vulnerabilidad juega un papel crucial al permitir una conexión auténtica y profunda entre los individuos. Al abrirse y compartir nuestras emociones más íntimas y verdaderas con nuestros seres queridos, fomentamos la confianza y fortalecemos los lazos emocionales que nos unen.

La vulnerabilidad en una relación implica exponer nuestras emociones, miedos, inseguridades y deseos más profundos a nuestra pareja sin filtros ni barreras. Al hacerlo, creamos un espacio de confianza mutua en el cual ambos se sienten libres de ser auténticos y vulnerables sin el temor al juicio o rechazo.

Esta apertura emocional sienta las bases para una comunicación honesta y una conexión genuina que fortalece los cimientos de la relación.

Al mostramos vulnerables frente a nuestra pareja, establecemos un puente emocional que nos permite entendernos mutuamente a un nivel más profundo. Compartir alegrías, tristezas y preocupaciones nos une en nuestra humanidad compartida, fortaleciendo los lazos entre nosotros y creando un sentido de complicidad y apoyo. Esta conexión emocional nos brinda consuelo en tiempos de dificultad y nos enriquece en momentos de alegría, reforzando la sensación de unión y pertenencia en la relación.

La autenticidad como pilar de relaciones saludables

La vulnerabilidad nos invita a abandonar las máscaras y defensas que a menudo utilizamos para protegernos en nuestras interacciones diarias. Al ser honestos y genuinos con nuestra pareja sobre nuestras emociones y pensamientos más profundos, fomentamos la autenticidad en la relación, creando un espacio en el que ambos se sienten vistos, escuchados y valorados en su totalidad.

Esta autenticidad fortalece la confianza mutua y promueve un ambiente de apertura y aceptación que nutre el crecimiento individual y compartido.

LA EMOCIÓN COMO VÍNCULO TRANSFORMADOR

La vulnerabilidad no solo fortalece los lazos emocionales entre las personas, sino que también transforma la dinámica de la relación al permitir la expresión genuina de las emociones y necesidades de cada uno. Al compartir nuestras vulnerabilidades, creamos un espacio seguro para explorar nuestros sentimientos más profundos, resolver conflictos de manera constructiva y cultivar una mayor comprensión y empatía hacia nuestra pareja. Esta apertura emocional nos invita a crecer juntos, fortaleciendo la relación a lo largo del tiempo.

En definitiva, la vulnerabilidad es un poderoso catalizador para fortalecer las relaciones íntimas al fomentar la confianza, la conexión emocional y la autenticidad entre los individuos. Al abrirnos y compartir nuestras vulnerabilidades con nuestra pareja, creamos un espacio de intimidad y comprensión que nutre el amor y la complicidad en la relación.

Al desafiar nuestros temores y mostrarnos auténticos y abiertos, construimos puentes emocionales que nos unen en nuestra humanidad compartida, creando una base sólida para una relación saludable, significativa y duradera.

El poder transformador de la vulnerabilidad: Crecimiento personal, desarrollo emocional y resiliencia

En la travesía del desarrollo personal y emocional, aceptar y confrontar nuestras vulnerabilidades se convierte en un paso crucial hacia un crecimiento significativo y una mayor resiliencia.

La confrontación de nuestras vulnerabilidades puede tener un impacto altamente positivo en nuestro desarrollo personal, destacando cómo el manejo del miedo y el malestar asociados con la vulnerabilidad puede allanar el camino hacia la resiliencia y la superación de obstáculos.

El primer paso para abrazar nuestras vulnerabilidades es la aceptación. Reconocer nuestras debilidades, miedos y limitaciones nos permite iniciar un viaje de autoconocimiento profundo y transformador.

Al confrontar nuestras vulnerabilidades, nos enfrentamos a nuestras verdades más íntimas y auténticas, lo que a su vez nos impulsa a crecer, evolucionar y expandir nuestros límites emocionales y personales. La aceptación de nuestras vulnerabilidades nos invita a abrazar nuestra humanidad completa y a reconocer nuestras imperfecciones como parte integral de nuestro ser.

CONFRONTANDO EL MIEDO Y EL MALESTAR

El proceso de confrontar nuestras vulnerabilidades puede estar acompañado de miedo, incomodidad y ansiedad. Sin embargo, al enfrentar estas emociones difíciles y trascender nuestros límites emocionales, cultivamos una mayor resiliencia emocional y psicológica.

El acto de enfrentar el miedo nos fortalece, nos enseña a tolerar la incertidumbre y a construir una mayor capacidad de adaptación frente a los desafíos de la vida. Al aprender a lidiar con la vulnerabilidad y el malestar asociados, desarrollamos una fortaleza interior que nos capacita para superar obstáculos y crecer a partir de las experiencias desafiantes.

El desafío, entonces, puede ser una oportunidad de crecimiento. Afrontar nuestras vulnerabilidades nos obliga a salir de nuestra zona de confort y a enfrentar las limitaciones autoimpuestas que nos impiden alcanzar nuestro máximo potencial.

Al convertir el desafío en una oportunidad de crecimiento y aprendizaje, nos permitimos expandir nuestra percepción de nosotros mismos y del mundo que nos rodea.

La confrontación de nuestras vulnerabilidades nos empuja a explorar nuevas perspectivas, a desarrollar una mayor empatía hacia nosotros mismos y los demás, y a cultivar una actitud de apertura y vulnerabilidad que nutre nuestro crecimiento personal y emocional.

En última instancia, aceptar y confrontar nuestras vulnerabilidades es un camino hacia un mayor crecimiento personal, desarrollo emocional y resiliencia. Al enfrentar nuestras verdades más difíciles y desafiantes, creamos oportunidades para un crecimiento profundo y transformador.

Al superar el miedo y el malestar asociados con la vulnerabilidad, fortalecemos nuestra capacidad para afrontar adversidades, desarrollar una mayor autoaceptación y empatía, y forjar una conexión más auténtica con nosotros mismos y los demás. La confrontación de nuestras vulnerabilidades nos invita a abrazar nuestra humanidad con valentía y compasión, creando un camino hacia una vida más plena, significativa y enriquecedora.

***

¡Abrazar la vulnerabilidad como camino hacia la autenticidad!

***

REDEFINIENDO LA FORTALEZA MASCULINA

En la actualidad, la discusión en torno a la masculinidad y la fortaleza se ha ampliado para incluir la importancia de la autenticidad y la vulnerabilidad en la definición de lo que significa ser un hombre verdaderamente fuerte.

A continuación, exploraremos cómo la verdadera fortaleza masculina no reside en mantener una fachada de invulnerabilidad, sino en la capacidad de ser auténticos y vivir en congruencia con nuestros valores y emociones internas. Destacaremos cómo la vulnerabilidad nos brinda la oportunidad de mostrarnos tal como somos y liberarnos de la presión de mantener una imagen de fortaleza inquebrantable.

La autenticidad como pilar de la fortaleza masculina

La verdadera fortaleza masculina radica en la autenticidad y la congruencia entre lo que sentimos en nuestro interior y cómo nos mostramos al mundo.

Ser auténtico implica ser honesto consigo mismo y con los demás, vivir de acuerdo con nuestros valores y creencias personales, y expresar nuestras emociones de manera genuina y sincera. La capacidad de ser auténticos nos permite cultivar relaciones significativas, construir una autoestima sólida y desarrollar una identidad propia basada en la integridad y la honestidad.

La vulnerabilidad en la fortaleza masculina

La vulnerabilidad juega un papel fundamental en la construcción de la fortaleza masculina auténtica. Mostrarnos vulnerables implica reconocer nuestras debilidades, miedos y emociones difíciles, sin temor al juicio o la desaprobación.

Al permitirnos ser vulnerables, liberamos una carga emocional significativa al dejar de lado la necesidad de mantener una fachada de fortaleza inquebrantable.

La vulnerabilidad nos conecta con nuestra humanidad compartida, nos permite establecer conexiones más profundas con los demás y fomenta un sentido de empatía y compasión tanto hacia nosotros mismos como hacia los demás.

Liberarse de expectativas culturales y sociales

En la sociedad actual, los hombres frecuentemente se enfrentan a presiones culturales y sociales que dictan cómo deben comportarse para ser considerados "verdaderamente masculinos". Estas expectativas pueden llevar a una percepción distorsionada de la fortaleza, promoviendo la idea de que la vulnerabilidad es sinónimo de debilidad.

Sin embargo, al desafiar estas normas y abrazar nuestra vulnerabilidad, podemos redefinir el concepto de fortaleza masculina y abrirnos a nuevas formas de ser y expresarnos de manera auténtica y genuina.

La verdadera fortaleza masculina se encuentra en la capacidad de ser auténticos, vivir de acuerdo con nuestros valores y emociones internas, y mostrar vulnerabilidad sin miedo al juicio o la crítica. Al liberarnos de la presión de mantener una fachada de fortaleza inquebrantable, abrimos la puerta a una mayor autenticidad, conexión emocional y bienestar personal.

Al redefinir la fortaleza masculina en términos de autenticidad y vulnerabilidad, no solo nos fortalecemos a nosotros mismos, sino que también contribuimos a la creación de una concepción más inclusiva y enriquecedora de lo que significa ser un hombre en la sociedad moderna.

Inspirando un cambio cultural

En un mundo donde las expectativas tradicionales de la masculinidad han presionado a los hombres a mantener una imagen de fortaleza inquebrantable, la idea de mostrar vulnerabilidad se ha considerado a menudo como un signo de debilidad.

Sin embargo, los hombres que se muestran vulnerables pueden convertirse en modelos a seguir para otros hombres, y cómo este acto de valentía puede fomentar un cambio cultural positivo. La promoción de una masculinidad saludable y auténtica puede tener un impacto duradero en las relaciones, las comunidades y la sociedad en general.

Modelando la vulnerabilidad: un acto de valentía

Los hombres que se muestran vulnerables desafían las normas tradicionales de la masculinidad al ser auténticos y honestos acerca de sus emociones, miedos y debilidades.

Al mostrar esta vulnerabilidad, no solo demuestran valentía al enfrentarse a la presión cultural de mantener una imagen de fortaleza, sino que también se convierten en modelos a seguir para otros hombres que pueden sentirse restringidos por esos mismos estereotipos.

Al compartir sus experiencias y emociones de manera abierta y sincera, estos hombres crean un espacio seguro para la expresión emocional y fomentan la aceptación y el apoyo mutuo entre pares.

MODELO DE MASCULINIDAD SALUDABLE

La promoción de una masculinidad saludable y auténtica puede tener un impacto transformador en las relaciones interpersonales, las comunidades y la sociedad en su conjunto. Al mostrar vulnerabilidad y empatía, los hombres pueden fortalecer sus lazos afectivos, fomentar una comunicación más abierta y sincera, y construir relaciones más significativas y sólidas.

Esta actitud también puede contribuir a la prevención de la violencia y la agresividad asociadas a una masculinidad tóxica, promoviendo en su lugar la resolución de conflictos de manera pacífica y constructiva. Al fomentar una cultura en la que la vulnerabilidad sea vista como un signo de fortaleza y no de debilidad, se abre la puerta a un cambio cultural positivo que puede tener un impacto duradero en la sociedad.

Los hombres que se muestran vulnerables actúan como agentes de cambio al desafiar los estereotipos de género arraigados y alentar a otros a hacer lo mismo.

Esta actitud de apertura y autenticidad no solo beneficia a los individuos a nivel personal, sino que contribuye a la creación de comunidades más empáticas, inclusivas y compasivas.

Los hombres que se muestran vulnerables pueden ser modelos a seguir para otros hombres, fomentando un cambio cultural positivo al desafiar las normas tradicionales de la masculinidad. Al abrazar la vulnerabilidad y la autenticidad, los hombres pueden fortalecer sus relaciones, mejorar la calidad de vida de quienes los rodean y sentar las bases para una sociedad más equitativa y compasiva. Al hacerlo, no solo se liberan a sí mismos de las restricciones de una masculinidad tóxica, sino que también abren camino a un futuro más inclusivo y respetuoso para todos.

***

Hemos resaltado la conexión entre la vulnerabilidad y la verdadera fortaleza masculina. Al romper con los estereotipos de masculinidad y desafiar la noción de que la vulnerabilidad es una debilidad, podemos empoderarnos a nosotros mismos y fortalecer nuestras relaciones.

***

¡La vulnerabilidad se convierte en un camino hacia el crecimiento personal, permitiéndonos vivir de manera más plena!

***

CAPÍTULO 5:
COMUNICACIÓN EMOCIONAL

Al expresar sus necesidades y emociones, los hombres enfrentan una serie de desafíos comunes. A menudo, la sociedad impone expectativas rígidas sobre los hombres, exigiendo que sean fuertes, independientes y repriman sus sentimientos. Exploraremos cómo estos estereotipos de masculinidad pueden dificultar la expresión emocional y las necesidades personales. También proporcionaremos herramientas y estrategias para superar estos desafíos y desarrollar una relación más saludable con nuestras emociones y necesidades.

La represión emocional, el acto de ignorar, suprimir o evitar la expresión de nuestras emociones, puede tener efectos nocivos en nuestra salud mental, bienestar emocional y calidad de nuestras relaciones interpersonales. Por eso, exploraremos en profundidad cómo la represión emocional afecta a los hombres, en particular, y analizaremos cómo la negación de las necesidades personales puede resultar en relaciones insatisfactorias y una falta de autenticidad en la vida cotidiana.

IMPACTO DE LA REPRESIÓN EMOCIONAL EN LA SALUD MENTAL

En diferentes culturas, los hombres han sido socializados para reprimir sus emociones, lo que puede llevar a una serie de problemas de salud mental. La represión emocional puede manifestarse en forma de estrés crónico, ansiedad, depresión, ira reprimida e incluso adicciones como mecanismos de afrontamiento disfuncionales.

Al evitar expresar sus emociones, los hombres pueden experimentar dificultades para manejar el estrés, resolver conflictos interpersonales y conectar de manera auténtica con los demás. Esta falta de expresión emocional puede crear una brecha en la salud mental y el bienestar general de los hombres, impactando negativamente en su calidad de vida.

La represión emocional no solo afecta la salud mental de los hombres, sino que también tiene repercusiones en sus relaciones personales. Al negar sus propias necesidades emocionales y reprimir sus verdaderos sentimientos, los hombres pueden experimentar dificultades para establecer conexiones significativas con sus seres queridos.

La falta de autenticidad y la incapacidad para expresar sus emociones de manera saludable pueden conducir a relaciones superficiales, conflictivas y poco satisfactorias. Además, la represión emocional puede generar un ciclo de comunicación deficiente, falta de empatía y dificultades para establecer límites sanos en las relaciones interpersonales.

Superando la represión emocional y cultivando la autenticidad

Es fundamental para los hombres reconocer la importancia de la expresión emocional genuina y aprender a liberarse de la represión emocional para mejorar su salud mental y sus relaciones personales.

Esto puede implicar practicar la autoaceptación, la vulnerabilidad emocional, la comunicación abierta y la búsqueda de apoyo terapéutico si es necesario. Al permitirse sentir y expresar sus emociones de manera auténtica, los hombres pueden experimentar una mayor conexión consigo mismos y con los demás, fomentando relaciones más significativas y satisfactorias.

En conclusión, la represión emocional puede tener consecuencias negativas significativas en la salud mental y las relaciones personales de los hombres. Al reconocer y abordar la represión emocional, los hombres pueden mejorar su bienestar emocional, fortalecer sus relaciones interpersonales y cultivar una vida más auténtica y plena.

Al priorizar la expresión emocional saludable y la autenticidad en todas las áreas de sus vidas, los hombres pueden promover su propio crecimiento personal y contribuir a un entorno emocionalmente más saludable y enriquecedor para sí mismos y para quienes los rodean.

ROMPIENDO LOS ESTEREOTIPOS CULTURALES SOBRE LA MASCULINIDAD

Los estereotipos culturales sobre la masculinidad han existido durante mucho tiempo y han generado expectativas y presiones sobre cómo los hombres deben comportarse, sentir y pensar en la sociedad. Desde una edad temprana, a los hombres se les enseña a cumplir con ciertos estereotipos culturales de la masculinidad, que incluyen la idea de que deben ser fuertes, dominantes, independientes y desapegados emocionalmente.

Estos estereotipos pueden influir en cómo los hombres perciben y expresan sus emociones, limitando su capacidad para conectarse consigo mismos y con los demás de manera auténtica y significativa.

La presión para cumplir con estos estereotipos puede generar sentimientos de vergüenza, culpa y ansiedad en los hombres que no se ajustan a estas expectativas rígidas y restrictivas.

Impacto en la expresión emocional y las relaciones personales

Los estereotipos culturales sobre la masculinidad pueden dificultar la expresión de las necesidades y emociones de los hombres, ya que se les enseña a reprimir o minimizar sus sentimientos para mantener una imagen de fortaleza y control.

Esta represión emocional puede generar dificultades para comunicar de manera efectiva, establecer relaciones íntimas y buscar apoyo emocional cuando sea necesario. La falta de expresión emocional genuina puede generar conflictos en las relaciones y contribuir a sentimientos de soledad, aislamiento y malestar emocional en los hombres.

Resulta fundamental desafiar y superar los estereotipos culturales sobre la masculinidad al fomentar la expresión emocional saludable y la autenticidad en los hombres. Esto implica crear un espacio seguro y acogedor donde los hombres se sientan libres de expresar sus emociones, necesidades y vulnerabilidades sin temor al juicio o la reprobación.

Fomentar una cultura que celebre la diversidad emocional y la autenticidad en todos los géneros puede ayudar a romper con los estereotipos y promover relaciones más genuinas y enriquecedoras.

***

Como hemos visto, los estereotipos culturales sobre la masculinidad pueden tener un impacto significativo en la expresión de las necesidades y emociones de los hombres, afectando su bienestar emocional y sus relaciones interpersonales.

Al desafiar estos estereotipos arraigados y promover la expresión emocional saludable y la autenticidad, podemos crear un entorno que fomente la conexión emocional, el apoyo mutuo y el crecimiento personal tanto para los hombres como para las personas de todos los géneros. Al alentar a los hombres a ser auténticos consigo mismos y con los demás, podemos construir una sociedad más inclusiva, empática y emocionalmente saludable para todos.

Así, los estereotipos culturales y el miedo al juicio y la vergüenza pueden dificultar la comunicación emocional y la expresión auténtica de las necesidades personales.

Sin embargo, hemos destacado la importancia de superar estos obstáculos y construir una relación más saludable con nuestras emociones y necesidades. Al desarrollar una red de apoyo, abordar el miedo al juicio y utilizar herramientas y estrategias prácticas, los hombres pueden encontrar la fortaleza para expresarse abiertamente y vivir de manera más auténtica.

En el próximo capítulo, exploraremos cómo aplicar estas habilidades de comunicación emocional en el contexto de las relaciones personales y románticas.

CAPÍTULO 6: PRÁCTICAS ÚTILES

La comunicación emocional efectiva es fundamental en todas las facetas de la vida, ya sea en el ámbito personal o profesional. La capacidad de expresar y comprender las emociones de manera clara y respetuosa es esencial para establecer conexiones significativas y gestionar relaciones de forma exitosa. Veamos algunos consejos prácticos para desarrollar habilidades de comunicación emocional efectiva:

1. Reconoce y comprende tus propias emociones: Antes de poder comunicar efectivamente tus emociones a los demás, es crucial que seas consciente de tus propios sentimientos. Dedica tiempo a identificar y comprender qué emociones estás experimentando en diferentes situaciones y por qué surgen. Esto te ayudará a comunicarte de manera más auténtica y coherente.

2. Practica la empatía: La empatía es la capacidad de ponerse en el lugar del otro y comprender sus emociones desde su perspectiva.

Al comunicarte con los demás, es importante mostrar empatía y validar sus sentimientos, incluso si no estás de acuerdo con ellos. Escucha activamente, muestra interés genuino y busca entender las emociones de los demás para fortalecer la conexión emocional.

3. Utiliza un lenguaje claro y asertivo: La claridad en la comunicación es fundamental para evitar malentendidos y conflictos. Expresa tus emociones de manera clara y directa, evitando ambigüedades o mensajes confusos. Sé asertivo al comunicar tus sentimientos, expresando tus necesidades y deseos de manera respetuosa y firme.

4. Practica la comunicación no verbal: Además de las palabras, la comunicación no verbal juega un papel crucial en la expresión emocional. Presta atención a tu lenguaje corporal, tono de voz y expresiones faciales al comunicarte.

Alinea tu comunicación verbal y no verbal para transmitir de manera coherente tus emociones y generar confianza y credibilidad.

5. Cultiva la escucha activa: La escucha activa es una habilidad fundamental en la comunicación emocional efectiva. Dedica tiempo y atención a escuchar a los demás sin juzgar, interrumpir o pensar en tu respuesta mientras hablan. Valida sus emociones y muestra empatía a través de gestos o comentarios que demuestren tu comprensión y apoyo.

6. Practica la autoexpresión creativa: Explorar formas creativas de expresar tus emociones, como a través del arte, la escritura o la música, puede ser una herramienta poderosa para mejorar tu comunicación emocional. Encuentra un medio que se adapte a tus intereses y personalidad para liberar emociones, promover la autorreflexión y fortalecer tu conexión interna.

7. Busca retroalimentación y aprendizaje continuo: La mejora de las habilidades de comunicación emocional es un proceso continuo que requiere práctica y feedback. Busca oportunidades para recibir retroalimentación constructiva de tus interacciones emocionales y aprende de cada experiencia para crecer y perfeccionar tu capacidad de comunicación efectiva.

En resumen, desarrollar habilidades de comunicación emocional efectiva implica cultivar la conciencia emocional, la empatía y la habilidad para expresar y comprender las emociones de manera auténtica y respetuosa. A través de la práctica constante y la voluntad de aprender, puedes fortalecer tus relaciones y mejorar tu bienestar emocional en todos los aspectos de tu vida.

RELACIONES MÁS SÓLIDAS A TRAVÉS DE LA COMUNICACIÓN ABIERTA Y GENUINA

Las relaciones interpersonales son la base de una vida plena y satisfactoria. La comunicación abierta y genuina desempeña un papel fundamental en la construcción de conexiones sólidas y significativas con los demás. Al establecer un entorno de diálogo honesto y respetuoso, se fortalecen los lazos emocionales, se fomenta la confianza y se promueve un mayor entendimiento mutuo. A continuación, se exploran algunas estrategias clave para cultivar relaciones más profundas a través de una comunicación auténtica:

1. Practicar la escucha activa:

La escucha activa es un componente esencial de la comunicación efectiva. Al prestar atención genuina a lo que la otra persona está comunicando, se muestra respeto y se fomenta la empatía. Escuchar de manera activa implica concentrarse en el mensaje que se está recibiendo, hacer preguntas clarificadoras y demostrar interés sincero en lo que la otra persona tiene que decir.

2. Ser honesto y transparente:

La honestidad es la piedra angular de una comunicación abierta y genuina. Compartir tus pensamientos, sentimientos y perspectivas de manera sincera y transparente fortalece la confianza en la relación. La vulnerabilidad también juega un papel importante en la conexión emocional, ya que abrirse sobre tus propias experiencias y emociones puede inspirar confianza y crear un ambiente de autenticidad mutua.

3. Expresar gratitud y aprecio:

Mostrar aprecio y gratitud hacia los demás es fundamental para nutrir relaciones sólidas y significativas. Reconocer y valorar las acciones, cualidades y esfuerzos de las personas que son importantes para ti refuerza el vínculo emocional y promueve sentimientos positivos en la interacción. Expresar gratitud de manera regular y auténtica fortalece el sentido de conexión y pertenencia en la relación.

4. Resolver conflictos de manera constructiva:

Los conflictos son inevitables en cualquier relación, pero la forma en que se abordan puede marcar la diferencia en su fortaleza y durabilidad. Enfrentar los conflictos con apertura, respeto y disposición a comprometerse favorece una comunicación efectiva y contribuye a la resolución constructiva de diferencias. Escuchar activamente las perspectivas opuestas, buscar soluciones mutuamente beneficiosas y trabajar juntos hacia un entendimiento común fortalece la relación y promueve la confianza.

5. Cultivar la empatía y la comprensión:

La empatía es una habilidad fundamental en la comunicación interpersonal, ya que permite conectarse emocionalmente con los demás y comprender sus puntos de vista y emociones. Cultivar la empatía involucra ponerse en el lugar del otro, reconocer y validar sus sentimientos, y mostrar comprensión y apoyo en momentos de necesidad. La práctica de la empatía fortalece la conexión emocional y promueve relaciones más sólidas y significativas.

En última instancia, la comunicación abierta y genuina es la clave para construir relaciones profundas y significativas en todos los aspectos de la vida. Al practicar la escucha activa, ser honesto y transparente, expresar gratitud, resolver conflictos de manera constructiva y cultivar la empatía, se fortalecen los lazos emocionales, se promueve la confianza y se fomenta un sentido de conexión auténtica con los demás.

Al priorizar una comunicación basada en la autenticidad y el respeto mutuo, se sientan las bases para relaciones duraderas y enriquecedoras que brindan satisfacción y bienestar tanto a nivel personal como profesional.

CAPÍTULO 7:
SUPERANDO INSEGURIDADES

| El miedo al rechazo y al fracaso

La vulnerabilidad implica la disposición de mostrarse auténticamente, compartir emociones y reconocer las propias necesidades. Sin embargo, la sociedad a menudo estigmatiza la vulnerabilidad masculina, lo que puede dificultar su expresión y limitar el crecimiento personal y las relaciones significativas. A lo largo de este capítulo, destacaremos la importancia abordar y superar el miedo a la vulnerabilidad y presentaremos estrategias prácticas para lograrlo.

En la sociedad actual, se ha ido gestando un cambio en la percepción de la masculinidad, alejándose de estereotipos rígidos y abriendo espacio para la expresión de la vulnerabilidad masculina. En ese sentido, analizaremos el concepto de la vulnerabilidad en hombres y su importancia en la construcción de relaciones significativas y el crecimiento personal. Descubriremos cómo la disposición de los hombres a mostrar su vulnerabilidad puede llevar a una mayor autenticidad, conexión emocional y bienestar integral.

Durante mucho tiempo, la masculinidad ha estado asociada con atributos como la fortaleza, la valentía y la independencia, mientras que mostrar emociones o vulnerabilidad ha sido considerado como una señal de debilidad. Sin embargo, cada vez más hombres están desafiando estos estereotipos tradicionales y reconociendo el valor de ser auténticos y vulnerables en sus interacciones personales.

La vulnerabilidad masculina desempeña un papel crucial en la construcción de relaciones honestas y profundas. Al permitirse mostrar su vulnerabilidad, los hombres pueden establecer una conexión emocional más auténtica con sus seres queridos, fomentando así la intimidad y la comprensión mutua. La capacidad de comunicar honestamente sus emociones y necesidades puede fortalecer los lazos afectivos y crear un espacio seguro para la expresión de sentimientos genuinos en las relaciones interpersonales.

Por cierto, la vulnerabilidad masculina no solo beneficia las relaciones externas, sino que también es fundamental para el crecimiento personal.

Al enfrentar y compartir sus vulnerabilidades, los hombres pueden explorar aspectos profundos de su ser, confrontar sus miedos y heridas emocionales, y crecer en compasión y autenticidad consigo mismos y con los demás. Este camino de autoconocimiento y aceptación puede llevar a una mayor resiliencia emocional, bienestar psicológico y satisfacción en la vida.

A pesar de los avances en la aceptación de la vulnerabilidad masculina, todavía existen barreras culturales y sociales que dificultan a los hombres expresar abiertamente sus emociones y vulnerabilidades. Es importante desafiar estos estereotipos limitantes y fomentar un clima de aceptación y apoyo para que los hombres puedan sentirse seguros al mostrar su autenticidad y vulnerabilidad en todos los aspectos de sus vidas.

La vulnerabilidad es un camino valioso hacia relaciones más auténticas, significativas y un crecimiento personal profundo. Alentamos a los hombres a abrazar su vulnerabilidad como una fortaleza, a ser honestos consigo mismos y con los demás, a cultivar la compasión y la empatía y a romper con los patrones obsoletos de la masculinidad que limitan su desarrollo emocional y humano.

Al hacerlo, podrán experimentar una mayor satisfacción en sus relaciones y una mayor realización en sus vidas.

IDENTIFICAR Y DESAFIAR LAS CREENCIAS LIMITANTES

El miedo a la vulnerabilidad es una barrera emocional significativa que muchos hombres enfrentan en su búsqueda de una autenticidad plena y conexiones emocionales profundas. A continuación, exploraremos cómo las creencias limitantes y los estereotipos culturales pueden perpetuar este miedo en los hombres, impidiéndoles expresar sus emociones de manera abierta y genuina. También discutiremos estrategias para superar estas barreras y fomentar un mayor bienestar emocional y relaciones más auténticas.

Las creencias arraigadas sobre la masculinidad tradicional a menudo dictan que los hombres deben ser fuertes, invulnerables y autosuficientes, lo que dificulta la expresión de emociones consideradas "débiles" como la tristeza o el miedo.

Estas creencias limitantes pueden llevar a una supresión de la vulnerabilidad emocional en los hombres, impidiéndoles conectarse de manera auténtica consigo mismos y con los demás.

Los estereotipos culturales también desempeñan un papel importante en la perpetuación del miedo a la vulnerabilidad en los hombres. La sociedad a menudo presiona a los hombres para que se adhieran a roles y expectativas rígidas de lo que significa ser "masculino", lo que puede crear un ambiente en el que la expresión abierta y honesta de emociones se perciba como inaceptable o "poco viril". Esta presión social puede llevar a una internalización del miedo a parecer débil o vulnerable.

El miedo a la vulnerabilidad en los hombres puede tener consecuencias negativas en sus relaciones interpersonales y en su crecimiento personal. Al evitar mostrar su vulnerabilidad, los hombres pueden experimentar dificultades para construir conexiones auténticas y significativas con los demás, lo que puede afectar la calidad de sus relaciones y su bienestar emocional. Además, la incapacidad de enfrentar y procesar emociones vulnerables puede obstaculizar su crecimiento personal y su capacidad para cultivar una mayor autoconciencia y autenticidad.

Para superar el miedo a la vulnerabilidad, es fundamental desafiar las creencias limitantes y los estereotipos culturales que lo perpetúan.

Los hombres pueden comenzar reconociendo y validando sus propias emociones, practicando la autoaceptación y cultivando la compasión hacia sí mismos y hacia los demás. Buscar apoyo emocional, ya sea a través de terapia, grupos de apoyo o conexiones significativas, también puede ser beneficioso para abordar el miedo a la vulnerabilidad y desarrollar una mayor resiliencia emocional.

A medida que los hombres exploran y abrazan su vulnerabilidad, no solo rompen con las barreras culturales que limitan su pleno desarrollo emocional, sino que también crean la posibilidad de experimentar conexiones más auténticas, relaciones más saludables y un crecimiento personal significativo.

Al desafiar el miedo a la vulnerabilidad y cultivar la autoexpresión emocional genuina, los hombres pueden embarcarse en un viaje de autodescubrimiento, compasión y autenticidad que enriquecerá sus vidas y les permitirá experimentar una mayor plenitud emocional y vitalidad.

PRACTICAR LA AUTOCOMPASIÓN Y LA AUTORREFLEXIÓN

La vulnerabilidad es una parte fundamental de la experiencia humana, sin embargo, muchos hombres se enfrentan a un profundo miedo a mostrar su vulnerabilidad debido a creencias arraigadas y presiones culturales. En este capítulo, exploraremos cómo la autocompasión y la autorreflexión pueden desempeñar un papel crucial en ayudar a los hombres a superar este miedo y a cultivar una mayor autenticidad emocional y conexiones significativas.

A menudo, la sociedad promueve una cultura de la fortaleza y la invulnerabilidad en los hombres, lo que puede dificultar la expresión abierta de emociones consideradas "débiles" como el miedo, la tristeza o la ansiedad. Esta presión para cumplir con expectativas poco realistas de fortaleza emocional puede llevar a una supresión de la vulnerabilidad y a una incapacidad para conectarse de manera auténtica consigo mismo y con los demás.

La autocompasión implica mostrar amabilidad y comprensión hacia uno mismo en momentos de dificultad, en lugar de autocriticarse o juzgarse severamente.

Para los hombres, practicar la autocompasión puede ser una poderosa herramienta para desafiar las creencias limitantes sobre la masculinidad y permitirse ser vulnerables sin sentir vergüenza o debilidad. La autocompasión fomenta la aceptación de las propias emociones y experiencias, cultivando así una mayor conexión emocional y autenticidad.

La autorreflexión es el proceso de mirar hacia adentro, explorar las propias experiencias, emociones y pensamientos, y cuestionar las creencias arraigadas que pueden contribuir al miedo a la vulnerabilidad. Para los hombres, la autorreflexión puede ser un camino hacia el autoconocimiento y la comprensión emocional, permitiéndoles identificar y desafiar patrones de pensamiento y comportamiento que limitan su capacidad para ser auténticos y vulnerables.

Al combinar la autocompasión y la autorreflexión, los hombres pueden comenzar a superar el miedo a la vulnerabilidad y a cultivar una mayor apertura emocional y autenticidad en sus vidas. Practicar la autocompasión les permite abrazar sus propias vulnerabilidades con amabilidad y aceptación, mientras que la autorreflexión les brinda la oportunidad de explorar las raíces profundas de su miedo y desafiar las creencias limitantes que lo perpetúan.

Al superar el miedo a la vulnerabilidad y practicar la autenticidad emocional, los hombres pueden experimentar una mayor conexión consigo mismos y con los demás, relaciones más genuinas y enriquecedoras, y un mayor bienestar emocional. La autocompasión y la autorreflexión no solo les ayudan a abrazar su vulnerabilidad de manera positiva, sino que también les permiten crecer y evolucionar en un nivel más profundo y significativo.

En última instancia, cultivar la autocompasión y la autorreflexión es fundamental para que los hombres superen el miedo a la vulnerabilidad y avancen hacia una vida de mayor autenticidad y conexión emocional.

Al desafiar las normas culturales restrictivas y practicar la aceptación y exploración de sus propias emociones, los hombres pueden liberarse del peso del miedo y abrirse a experiencias más auténticas y enriquecedoras. La autocompasión y la autorreflexión se convierten así en aliados poderosos en el viaje hacia una masculinidad más consciente, auténtica y emocionalmente satisfactoria.

CONSTRUIR UNA CULTURA DE APOYO

Los hombres enfrentan frecuentemente desafíos para expresar su vulnerabilidad debido a presiones culturales y expectativas poco realistas sobre la masculinidad. A continuación, exploraremos la importancia de construir una cultura de apoyo que aliente a los hombres a ser vulnerables, y cómo esto puede contribuir a un mayor bienestar emocional y relaciones significativas.

La idea de que los hombres deben ser fuertes, decididos y emocionalmente reservados ha sido predominante durante mucho tiempo en muchas culturas. Sin embargo, esta definición restrictiva de la masculinidad puede dificultar que los hombres se permitan mostrar su vulnerabilidad y buscar apoyo emocional cuando lo necesitan.

Es crucial desafiar esta noción de fortaleza tradicional y promover una comprensión más amplia y saludable de lo que significa ser un hombre.

Una cultura de apoyo para hombres debe fomentar la empatía y la escucha activa como elementos fundamentales.

Al cultivar la capacidad de ponerse en el lugar del otro y de escuchar sin juzgar, se crea un espacio seguro donde los hombres se sienten validados y comprendidos en sus experiencias emocionales. Sentirse escuchado y comprendido es esencial para que los hombres se sientan cómodos compartiendo sus vulnerabilidades.

Una cultura de apoyo para hombres debe promover la autenticidad y la honestidad emocional como valores fundamentales. Al alentar a los hombres a ser auténticos consigo mismos y expresar sus emociones de manera honesta, se les brinda la libertad de ser vulnerables sin temor al juicio o la crítica. La autenticidad emocional fomenta una mayor conexión interpersonal y un sentido de pertenencia.

Es crucial que los hombres tengan acceso a espacios seguros y libres de estigma donde puedan compartir sus vulnerabilidades sin miedo a ser ridiculizados o rechazados. Estos espacios pueden ser grupos de apoyo, terapia individual o de grupo, o incluso conversaciones abiertas y honestas con amigos cercanos. Al sentirse apoyados y validados en estos entornos seguros, los hombres pueden comenzar a derribar las barreras que limitan su expresión emocional.

Una cultura de apoyo para hombres también debe fomentar la colaboración y el trabajo en equipo como herramientas para superar desafíos emocionales y fortalecer las relaciones interpersonales. Al alentar a los hombres a apoyarse mutuamente, compartir sus experiencias y trabajar juntos hacia el crecimiento emocional, se fortalecen los lazos de confianza y solidaridad entre ellos.

En resumen, construir una cultura de apoyo para hombres que facilite la expresión de la vulnerabilidad es fundamental para promover su bienestar emocional y su autenticidad.

Al desafiar las concepciones tradicionales de la masculinidad, fomentar la empatía y la escucha activa, promover la autenticidad emocional, crear espacios seguros y libres de estigma, y fomentar la colaboración, se sientan las bases para que los hombres se sientan seguros y capaces de compartir sus vulnerabilidades sin temor. Al hacerlo, se abre la puerta a relaciones más auténticas, significativas y satisfactorias, tanto consigo mismos como con los demás.

HACIA UNA MASCULINIDAD AUTÉNTICA

Los hombres enfrentan presiones para ser fuertes, invulnerables y autosuficientes, lo que a menudo les lleva a reprimir sus emociones y a evitar mostrar sus vulnerabilidades. Sin embargo, ser vulnerable no implica debilidad; al contrario, supone una valiosa oportunidad de conexión emocional y crecimiento personal. Veamos algunas estrategias prácticas para que los hombres den pequeños pasos hacia la vulnerabilidad, evitando la sensación abrumadora de exponerse en gran medida y fomentando una masculinidad auténtica y saludable.

| Reconoce tus emociones: El primer paso hacia la vulnerabilidad es reconocer y aceptar tus propias emociones. Permítete sentir y expresar tus sentimientos de forma auténtica, sin juzgarte por ello. Identifica cómo te sientes en diferentes situaciones y practica la autoaceptación emocional como punto de partida para un mayor autoconocimiento y apertura emocional.

| **Comparte de forma gradual**: En lugar de intentar exponer todas tus vulnerabilidades de golpe, considera compartir de forma gradual y selectiva con personas de confianza. Comienza con experiencias menos emocionales y ve ampliando progresivamente la apertura emocional a medida que te sientas más cómodo y seguro.

| **Establece límites claros**: Ser vulnerable no significa exponerte sin límites. Es importante establecer límites claros en tus relaciones para proteger tu intimidad emocional y sentirte seguro al abrirte. Comunica de manera asertiva tus necesidades y expectativas, y respeta tus propios límites al compartir tus vulnerabilidades.

| **Practica la empatía y la escucha activa**: Aprender a escuchar de manera empática y practicar la empatía hacia los demás puede facilitar el proceso de ser vulnerable.

Escuchar activamente a los demás, mostrar comprensión y empatía hacia sus emociones te ayudará a crear un ambiente de apoyo mutuo y fomentar relaciones más auténticas y significativas.

| Cuida tu bienestar emocional: La vulnerabilidad puede ser un terreno emocionalmente exigente, por lo que es esencial cuidar tu bienestar emocional durante este proceso. Dedica tiempo a actividades que te nutran emocionalmente, como la meditación, el ejercicio, la escritura o el arte, para fortalecer tu resiliencia emocional y procesar tus emociones de manera saludable.

Al tomar pequeños pasos hacia la vulnerabilidad y practicar estas estrategias de forma gradual, los hombres pueden cultivar una conexión más auténtica consigo mismos y con los demás, construyendo relaciones más profundas y significativas.

Romper con los estereotipos de la masculinidad tradicional y abrazar una masculinidad auténtica y equilibrada, que incluya la capacidad de ser vulnerable de forma segura, es un viaje valiente y transformador hacia el crecimiento personal y la plenitud emocional.

***

¡Empieza hoy mismo a dar pasos hacia una masculinidad más auténtica y empática!

***

FIJAR LÍMITES Y BUSCAR SITUACIONES SEGURAS

La vulnerabilidad es esencial para el crecimiento personal, las relaciones significativas y una salud emocional sólida. Identificar y desafiar las creencias limitantes sobre la vulnerabilidad, practicar la autocompasión y la autorreflexión, construir una cultura de apoyo y dar pequeños pasos hacia la vulnerabilidad son estrategias clave para superar este miedo.

Al abrazar la vulnerabilidad, los hombres pueden desarrollar relaciones más íntimas, auténticas y satisfactorias consigo mismos y con los demás. En el próximo capítulo, analizaremos cómo la expresión emocional y la vulnerabilidad impactan en las relaciones románticas y proporcionaremos pautas para tener relaciones más saludables y auténticas.

En la vida, enfrentamos numerosos desafíos y obstáculos, y es natural experimentar fracasos y rechazos en nuestro camino hacia el éxito y el desarrollo personal.

Es importante aceptar el fracaso como una parte integral del crecimiento personal y cómo lidiar con el rechazo sin que impacte negativamente en nuestra autoestima.

A su vez, resulta vital aprender a manejar el fracaso de manera constructiva no solo nos permite crecer y aprender de nuestras experiencias, sino que también nos brinda la oportunidad de fortalecer nuestra autoestima y confianza en nosotros mismos.

Aceptar el fracaso como oportunidad de crecimiento

El fracaso no debe ser visto como un obstáculo insuperable, sino como una oportunidad para aprender, crecer y mejorar. Cada fracaso nos brinda lecciones valiosas sobre nuestras fortalezas y debilidades, nos ayuda a identificar áreas de mejora y nos impulsa a desarrollar resiliencia y determinación.

Al aceptar el fracaso como una parte natural del proceso de crecimiento personal, podemos transformar las experiencias negativas en oportunidades de crecimiento y desarrollo.

Además, el fracaso nos enseña a ser más compasivos con nosotros mismos y con los demás, fomentando una actitud de aceptación y aprendizaje continuo.

Cultivar una autoestima saludable ante el rechazo

El rechazo es un aspecto inevitable de la vida, ya sea en el ámbito laboral, social o personal. Es fundamental aprender a lidiar con el rechazo de manera saludable, sin que impacte negativamente en nuestra autoestima y confianza en nosotros mismos.

Para ello, es importante recordar que el rechazo no define nuestra valía como individuos, sino que es simplemente una respuesta a una situación específica en un momento dado. Al separar nuestra autoestima de los resultados externos y reconocer nuestro propio valor intrínseco, podemos enfrentar el rechazo con una actitud de aceptación, resiliencia y autoafirmación.

Desarrollar estrategias para afrontar el fracaso y el rechazo

Existen diversas estrategias que podemos implementar para lidiar de manera efectiva con el fracaso y el rechazo, sin que afecten nuestra autoestima.

Estas incluyen cultivar una mentalidad de crecimiento, enfocarnos en nuestros logros y fortalezas, aprender a aceptar la crítica constructiva, buscar el apoyo de amigos y seres queridos, y practicar la autocompasión y el autocuidado.

Al desarrollar habilidades de afrontamiento positivas y construir una red de apoyo sólida, podemos superar los desafíos con confianza y resiliencia, fortaleciendo así nuestra autoestima y bienestar emocional.

***

En conclusión, al aceptar el fracaso como una oportunidad de crecimiento personal y aprender a lidiar con él de manera constructiva, podemos fortalecer nuestra autoestima, desarrollar resiliencia emocional y cultivar una actitud positiva hacia los desafíos que la vida nos presenta.

A través de la autocompasión, el aprendizaje continuo y el desarrollo de estrategias efectivas de afrontamiento, podemos convertir las experiencias de fracaso y rechazo en oportunidades para crecer, aprender y fortalecernos como individuos.

Aferrándonos a estas lecciones y desafíos como parte integral de nuestro camino de desarrollo personal, podemos avanzar con confianza y determinación hacia una vida plena y significativa.

CAPÍTULO 8:
APOYÁNDONOS ENTRE SÍ

Fomentando una comunidad de apoyo

Tradicionalmente, se ha promovido una cultura de competencia y aislamiento masculino, lo que ha dificultado la creación de vínculos emocionales y el apoyo mutuo. Sin embargo, cada vez más hombres reconocen la relevancia de conectar con otros hombres y construir relaciones sólidas basadas en la autenticidad, la empatía y el apoyo incondicional.

A lo largo de este capítulo, discutiremos cómo fomentar una comunidad de apoyo entre hombres y los beneficios que esto puede aportar.

Hombres: Manual de uso

LAS REDES DE APOYO MASCULINAS

En una sociedad que enfatiza la independencia y la autosuficiencia, a veces se pasa por alto el valor de las redes de apoyo masculinas. Sin embargo, la necesidad de que los hombres tengan una comunidad de apoyo es crucial para su bienestar mental y emocional. Estas redes proporcionan un espacio para que los hombres se conecten emocionalmente, compartan experiencias y ofrezcan apoyo mutuo, fomentando un sentido de pertenencia y comprensión que es vital para la salud general.

Uno de los principales beneficios de las redes de apoyo masculinas es la oportunidad de conexión emocional. A menudo, a los hombres se les socializa para reprimir sus emociones y mostrar fortaleza a través de la estoicidad.

Sin embargo, tener una comunidad de apoyo permite a los hombres expresar sus sentimientos en un entorno seguro y sin juicios. Esta liberación emocional puede reducir el estrés, la ansiedad y los sentimientos de aislamiento, lo que conduce a una mejor salud mental.

El apoyo mutuo dentro de estas redes ofrece a los hombres un sentido de camaradería y validación. Al compartir sus luchas y triunfos con personas afines, los hombres pueden obtener perspectiva, consejos y aliento de quienes comprenden sus experiencias. Esta conexión compartida ayuda a combatir los sentimientos de soledad y alienación, fomentando un sentido de unidad y solidaridad entre los miembros.

Además, las redes de apoyo masculinas ofrecen una plataforma para el crecimiento personal y la mejora. A través de conversaciones abiertas y retroalimentación constructiva, los hombres pueden desafiar los estereotipos dañinos de la masculinidad, cultivar relaciones más saludables y desarrollar habilidades para enfrentar los desafíos de la vida. Este empoderamiento colectivo fomenta la resiliencia, la autoconciencia y un sentido positivo de identidad.

La presencia de redes de apoyo masculinas sólidas es esencial para promover el bienestar mental y emocional en los hombres. Al cultivar la conexión emocional, brindar apoyo mutuo y fomentar el crecimiento personal, estas comunidades ofrecen un recurso valioso para que los hombres naveguen las complejidades de la vida moderna con fuerza, resiliencia y autenticidad.

Aceptar y fomentar estas redes no es un signo de debilidad, sino una poderosa afirmación de la fuerza que se encuentra en la vulnerabilidad y la conexión humana.

El estigma cultural y su impacto en la formación de comunidades de apoyo entre hombres

La cultura del machismo y la masculinidad tóxica han perpetuado estereotipos que dificultan la formación de comunidades de apoyo entre hombres. El estigma cultural asociado con la vulnerabilidad emocional y la expresión de sentimientos ha creado barreras significativas que impiden que los hombres busquen y participen en redes de apoyo mutuo.

Uno de los principales obstáculos que enfrentan los hombres es la presión social para demostrar fortaleza y control emocional en todo momento. La idea arraigada de que la vulnerabilidad es sinónimo de debilidad ha llevado a muchos hombres a reprimir sus emociones y aislarse en lugar de buscar apoyo en otros. Este estigma cultural les ha inculcado la creencia errónea de que pedir ayuda o mostrar emociones es una señal de fracaso o falta de masculinidad.

Además, la noción de que los hombres deben resolver sus problemas por sí mismos y no depender de los demás ha contribuido a la creación de una cultura de individualismo que desalienta la formación de comunidades de apoyo sólidas.

La competencia, la desconfianza y la falta de empatía que a menudo se promueven en la masculinidad tradicional dificultan que los hombres se abran y establezcan conexiones emocionales significativas con otros hombres.

Otro factor importante a tener en cuenta es el temor al rechazo y al juicio por parte de la sociedad si un hombre muestra fragilidad emocional o busca ayuda.

El miedo al estigma y la discriminación puede hacer que los hombres eviten compartir sus problemas y sentimientos con otros, perpetuando un ciclo de aislamiento y soledad que afecta negativamente su bienestar emocional.

Para superar estos desafíos, es fundamental desafiar y desmantelar los estigmas culturales que limitan la expresión emocional de los hombres y fomentan la idea de la autosuficiencia a toda costa.

Promover la aceptación de la vulnerabilidad como un signo de valentía y fortaleza, así como fomentar la empatía y la solidaridad entre hombres, son pasos cruciales para crear entornos propicios para la formación de comunidades de apoyo genuinas y significativas.

En última instancia, es imperativo que los hombres reconozcan la importancia de buscar y ofrecer apoyo emocional entre pares, de manera que puedan romper con los moldes culturales restrictivos y desarrollar relaciones auténticas y enriquecedoras que promuevan su bienestar integral.

La lucha contra el estigma cultural es esencial para construir comunidades de apoyo sólidas donde los hombres puedan compartir abierta y libremente sus experiencias, emociones y desafíos, sin temor al juicio ni a la exclusión.

DESAFIANDO EL ESTIGMA CULTURAL

Estrategias para superar las creencias y actitudes que limitan las comunidades de apoyo entre hombres:

El estigma cultural en torno a la expresión emocional y la búsqueda de apoyo entre hombres es un obstáculo significativo que impide la formación de comunidades de apoyo sólidas y saludables.

Para abordar este desafío, es crucial examinar las creencias y actitudes arraigadas que perpetúan este estigma, así como presentar estrategias efectivas para superarlo y fomentar la conexión emocional y el apoyo mutuo entre hombres.

Una de las creencias comunes que alimenta el estigma es la idea de que la vulnerabilidad es sinónimo de debilidad.

Para contrarrestar esta percepción, es fundamental promover una redefinición de la masculinidad que abarque la diversidad emocional y que reconozca la valentía y fortaleza que implica expresar abiertamente los propios sentimientos.

Fomentar una cultura que valore la honestidad emocional como un signo de autenticidad y madurez es esencial para desafiar este estigma arraigado.

Asimismo, es crucial abordar la presión social que insta a los hombres a mostrar control absoluto sobre sus emociones y a resolver sus problemas de manera individual. Fomentar la idea de que pedir ayuda no es una muestra de debilidad, sino un acto de valentía y autocuidado es fundamental para desmontar esta barrera y promover la conexión emocional entre hombres. Educar sobre la importancia de la empatía, la escucha activa y el apoyo mutuo en la construcción de relaciones significativas también desempeña un papel clave en este proceso.

Otro aspecto fundamental que considerar es la necesidad de desafiar los roles de género rígidos y las expectativas culturales que limitan la expresión emocional de los hombres. Al fomentar una cultura que celebre la diversidad emocional y promueva la autenticidad en las relaciones interpersonales, se pueden crear entornos seguros y acogedores donde los hombres se sientan libres de expresar sus emociones y buscar apoyo sin temor al estigma o la discriminación.

Para superar el estigma cultural que obstaculiza la formación de comunidades de apoyo entre hombres, es importante promover la educación y la conciencia sobre estas cuestiones, así como fomentar la apertura, la vulnerabilidad y la empatía en las interacciones diarias.

Al desafiar activamente las creencias y actitudes que perpetúan este estigma y al fomentar una cultura de aceptación y apoyo mutuo, podemos crear espacios donde los hombres se sientan seguros y empoderados para buscar y ofrecer ayuda emocional, construyendo así comunidades de apoyo más sólidas, saludables y comprensivas.

LA EMPATÍA Y LA ESCUCHA ACTIVA

En un mundo donde los estereotipos de género y las expectativas culturales limitan la expresión emocional y la búsqueda de apoyo entre hombres, la empatía y la escucha activa emergen como poderosas herramientas para construir comunidades de apoyo sólidas y comprensivas.

Al ofrecer comprensión, apoyo y un espacio seguro para compartir experiencias emocionales, la empatía y la escucha activa desempeñan un papel fundamental en la promoción de relaciones significativas y en la creación de entornos donde los hombres puedan sentirse vistos, valorados y respaldados.

La empatía, la capacidad de ponerse en el lugar del otro y comprender sus emociones, es una cualidad esencial en la promoción de la conexión emocional y la solidaridad entre individuos. Al cultivar la empatía, los hombres pueden desarrollar una comprensión más profunda de las experiencias y sentimientos de los demás, lo que les permite establecer relaciones más auténticas y significativas.

La empatía también fomenta la aceptación y la tolerancia hacia las diferencias individuales, creando un ambiente en el que la diversidad emocional es celebrada y valorada.

La escucha activa, por otro lado, implica no solo oír las palabras de otra persona, sino también comprender y responder empáticamente a sus sentimientos y necesidades subyacentes. Al practicar la escucha activa, los hombres pueden demostrar su interés genuino en los demás, validar sus experiencias emocionales y ofrecer un apoyo incondicional.

Al brindar un espacio para que las personas se expresen libremente y sin juicios, la escucha activa facilita la apertura y la confianza en las relaciones, construyendo así una base sólida para la formación de comunidades de apoyo.

Para fomentar una cultura de empatía y escucha activa entre hombres, es fundamental promover la educación emocional y la conciencia sobre la importancia de estas habilidades en la promoción de la salud mental y el bienestar emocional.

Integrar programas de desarrollo de habilidades sociales y emocionales en entornos educativos y laborales puede ayudar a los hombres a cultivar la empatía y la escucha activa como parte integral de su identidad y comportamiento interpersonal.

Además, es crucial desterrar la idea de que la expresión emocional y la búsqueda de apoyo son signos de debilidad, y en su lugar, fomentar la idea de que la vulnerabilidad es un acto de valentía y autenticidad.

Al desafiar los estigmas culturales que limitan la expresión emocional de los hombres y al promover una cultura de aceptación y apoyo mutuo, se pueden crear espacios donde la empatía y la escucha activa florezcan, fortaleciendo así las conexiones emocionales y promoviendo la formación de comunidades de apoyo sólidas y compasivas entre hombres.

HABILIDADES PRÁCTICAS

En un contexto cultural que tradicionalmente ha limitado la expresión emocional y la búsqueda de apoyo entre los hombres, es fundamental explorar y desarrollar habilidades clave como la empatía y la escucha activa para promover un ambiente de respeto y comprensión mutua. Estas habilidades no solo fortalecen las relaciones interpersonales, sino que también fomentan la creación de comunidades de apoyo sólidas y compasivas entre hombres.

Para muchos hombres, el desarrollo de la empatía y la escucha activa puede ser un proceso transformador que les permite conectar de manera más profunda con sus propias emociones y las de los demás.

A continuación, se presentan algunas técnicas prácticas para cultivar estas habilidades y promover un ambiente de apertura y comprensión.

1. Practicar la atención plena: La atención plena consiste en estar presentes en el momento sin juzgar, lo que permite a los hombres desarrollar la capacidad de escuchar atentamente a los demás y conectarse con sus propias emociones. La práctica regular de la atención plena puede ayudar a aumentar la conciencia emocional y fomentar una mayor empatía hacia uno mismo y hacia los demás.

2. Validar emociones: Una parte fundamental de la empatía es validar las emociones de los demás, reconociendo y respetando sus sentimientos sin juzgar. Al practicar la validación emocional, los hombres pueden demostrar comprensión y apoyo a quienes los rodean, fomentando así un ambiente de confianza y aceptación mutua.

3. Hacer preguntas abiertas: La escucha activa implica hacer preguntas abiertas que inviten a la reflexión y la expresión emocional de los demás. Al mostrar un interés genuino en conocer las experiencias y sentimientos de los demás, los hombres pueden crear un espacio seguro para la comunicación abierta y honesta, fortaleciendo así la conexión emocional y el apoyo mutuo.

4. Practicar la empatía visual y verbal: La empatía visual implica prestar atención a las señales no verbales, como el lenguaje corporal y las expresiones faciales, para comprender mejor las emociones de los demás. Combinada con la empatía verbal, que implica expresar comprensión y solidaridad a través del lenguaje, esta técnica puede fortalecer la conexión emocional y promover un ambiente de respeto y comprensión mutua.

En resumen, el desarrollo de la empatía y la escucha activa entre hombres no solo beneficia las relaciones interpersonales, sino que también promueve la formación de comunidades de apoyo sólidas y compasivas.

Al explorar y practicar técnicas prácticas para cultivar estas habilidades, los hombres pueden aprender a conectarse de manera más auténtica con sus emociones y las de los demás, promoviendo así un ambiente de respeto, comprensión y apoyo mutuo en sus relaciones y comunidades.

EN LA UNIDAD DE LA DIVERSIDAD: INCLUSIÓN EN LAS COMUNIDADES DE APOYO

En el camino hacia la construcción de comunidades de apoyo significativas y comprensivas entre hombres, es crucial abordar la importancia de fomentar la diversidad y la inclusión como pilares fundamentales para el desarrollo de relaciones sólidas y empáticas. Al reconocer y valorar la diversidad de experiencias, identidades y perspectivas dentro de las comunidades de apoyo, se promueve un ambiente en el que todos los individuos se sienten vistos, escuchados y respetados, independientemente de sus diferencias.

La diversidad en las comunidades de apoyo entre hombres se manifiesta en diversas formas, que van más allá de las diferencias culturales o raciales e incluyen también la diversidad en términos de orientación sexual, identidad de género, antecedentes socioeconómicos, habilidades y desafíos personales. Al celebrar esta diversidad y reconocer la riqueza que aporta a las interacciones humanas, se crea un entorno en el que se rechazan los estereotipos limitantes y se facilita la conexión auténtica y el apoyo mutuo.

La inclusión, por su parte, juega un papel clave en la creación de comunidades de apoyo acogedoras y equitativas. Cuando se fomenta la inclusión dentro de dichas comunidades, se garantiza que cada individuo se sienta valorado, respetado y parte integral del grupo. La inclusión implica la creación de espacios seguros en los que se fomenta la participación de todos; se escuchan y se validan las voces diversas, y se promueve un sentido de pertenencia y colaboración.

Pero, la diversidad y la inclusión no solo enriquecen las comunidades de apoyo entre hombres, sino que también contribuyen al bienestar emocional y la salud mental de sus miembros. Al sentirse aceptados y apoyados en su totalidad, los individuos pueden encontrar un espacio para compartir abiertamente sus experiencias, liberarse del peso de las expectativas sociales restrictivas y conectarse profundamente con otros en un entorno de comprensión y respeto mutuo.

Para fomentar la diversidad y la inclusión en las comunidades de apoyo entre hombres, es fundamental promover la educación sobre la importancia de la diversidad, la equidad y la inclusión.

También, resulta fundamental implementar políticas y prácticas que garanticen la igualdad de oportunidades y el respeto a la diversidad de voces y experiencias.

De esta manera, al crear un ambiente inclusivo y diverso, se fortalecen los lazos de solidaridad y se promueve un sentido de unidad en la diversidad, contribuyendo así a la formación de comunidades de apoyo sólidas y compasivas entre hombres.

ENRIQUECIENDO LAS RELACIONES A TRAVÉS DE LA DIVERSIDAD DE EXPERIENCIAS Y PERSPECTIVAS

La diversidad de experiencias y perspectivas es un elemento fundamental que puede potenciar nuestras interacciones diarias y fomentar un mayor entendimiento entre individuos.

Al valorar y celebrar la multiplicidad de trayectorias de vida y puntos de vista que cada persona aporta, se abren las puertas a un diálogo enriquecedor que fortalece las relaciones interpersonales y promueve un ambiente de respeto, apertura y aprendizaje mutuo.

Cada individuo es el resultado de un conjunto único de vivencias, desafíos y logros que han contribuido a moldear su visión del mundo y su forma de relacionarse con los demás. Al interactuar con personas que provienen de diferentes contextos culturales, sociales o profesionales, nos vemos expuestos a una gama diversa de perspectivas que enriquecen nuestra comprensión del mundo y nos invitan a considerar nuevas ideas y enfoques.

Esta diversidad de experiencias nos desafía a ampliar nuestros horizontes, a cuestionar nuestras creencias arraigadas y a fomentar un espíritu de crecimiento y adaptabilidad constante.

El intercambio de perspectivas diversas no solo nutre nuestro propio crecimiento personal, sino que también propicia un mayor entendimiento y empatía en nuestras relaciones con los demás.

Al escuchar activamente las historias y puntos de vista de quienes nos rodean, nos conectamos a nivel emocional con su realidad y desarrollamos una mayor sensibilidad hacia sus experiencias y preocupaciones.

Esta conexión genuina basada en la diversidad favorece la construcción de lazos más profundos y significativos entre individuos, estableciendo las bases para relaciones más sólidas y colaborativas.

Además, la diversidad de experiencias y perspectivas puede resultar especialmente beneficiosa en el ámbito laboral y académico, donde la variedad de enfoques y opiniones puede catalizar la creatividad, la innovación y la resolución de problemas efectiva.

Al integrar equipos de trabajo o grupos de estudio compuestos por individuos con trasfondos diversos, se abre la puerta a la generación de soluciones originales y a la formulación de ideas más inclusivas y equitativas.

La diversidad de pensamiento propicia un ambiente de colaboración y aprendizaje mutuo que potencia el crecimiento individual y colectivo.

***

En conclusión, la diversidad de experiencias y perspectivas representa un recurso invaluable que no solo enriquece nuestras interacciones cotidianas, sino que también constituye un pilar fundamental para la construcción de sociedades inclusivas, respetuosas y comprensivas.

Al reconocer y valorar la riqueza de la diversidad humana, fomentamos un ambiente de enriquecimiento mutuo, crecimiento personal y colaboración que nos acerca un paso más hacia la construcción de un mundo más conectado y empático.

La diversidad no solo nos enriquece individualmente, sino que también nos une en nuestra humanidad compartida, fortaleciendo los lazos que nos unen como seres humanos en la diversidad de nuestras experiencias y perspectivas.

En este capítulo, hemos explorado la importancia de fomentar una comunidad de apoyo entre hombres. Superar el estigma cultural, crear espacios seguros y no juzgadores, practicar la empatía y la escucha activa, y fomentar la diversidad y la inclusión son estrategias fundamentales para construir una comunidad sólida.

Al conectar con otros hombres de manera auténtica y brindarse apoyo mutuo, se pueden desarrollar relaciones significativas y valiosas. Estas comunidades de apoyo ofrecen un espacio propicio para compartir experiencias, buscar orientación y crecer emocionalmente.

En el próximo capítulo, discutiremos cómo los hombres pueden fomentar relaciones saludables y auténticas en su vida romántica.

CAPÍTULO 9:
EL CAMINO AL BIENESTAR PERSONAL

La relación entre la vulnerabilidad y la satisfacción personal, así como el sentido de propósito. Tradicionalmente, se ha considerado que la vulnerabilidad es una debilidad, pero cada vez más se reconoce como una fortaleza que permite la autenticidad y la conexión más profunda con nosotros mismos y los demás.

A través de esta exploración, descubriremos cómo la vulnerabilidad puede conducir a una mayor satisfacción en la vida y un sentido de propósito más profundo.

LA IMPORTANCIA DE LA VULNERABILIDAD EN EL CONTEXTO PERSONAL

La vulnerabilidad, un concepto a menudo asociado con la debilidad o la fragilidad, es en realidad una cualidad poderosa que desempeña un papel fundamental en el bienestar emocional y las relaciones interpersonales de los hombres.

En un mundo que a menudo perpetúa la idea de que los hombres deben ser fuertes, dominantes y autosuficientes, abrazar la vulnerabilidad puede representar un acto de valentía y autenticidad que les permite conectarse consigo mismos y con los demás de una manera más profunda y significativa.

La vulnerabilidad se define como la disposición a exponer nuestras emociones, miedos, inseguridades y debilidades ante los demás, sin temor a ser juzgados o rechazados. Para los hombres, en particular, la práctica de la vulnerabilidad puede resultar desafiante debido a las presiones sociales y culturales que históricamente han enmarcado la masculinidad en términos de fortaleza, control emocional y resistencia.

Sin embargo, al permitirse ser vulnerables, los hombres tienen la oportunidad de explorar y compartir sus verdaderos sentimientos, ampliando así su gama emocional y fortaleciendo su autoconocimiento y autoaceptación.

Así, la importancia de la vulnerabilidad en el contexto personal de los hombres radica en varios aspectos clave:

| **Autenticidad emocional**: Al expresar abiertamente sus emociones y vulnerabilidades, los hombres pueden cultivar una mayor autenticidad en sus interacciones y relaciones. Ser capaz de ser honesto consigo mismo y con los demás acerca de sus sentimientos les permite construir conexiones más genuinas y profundas, basadas en la confianza y la empatía mutua.

| Bienestar mental y emocional: La negación o represión de emociones puede tener un impacto negativo en la salud mental y emocional de los hombres. Al permitirse experimentar y expresar sus vulnerabilidades, se abre la puerta a la sanación emocional, el alivio del estrés y la construcción de una mayor resiliencia psicológica.

|Relaciones interpersonales saludables: La vulnerabilidad es un ingrediente esencial para establecer relaciones interpersonales saludables y satisfactorias. Al compartir experiencias emocionales con otros de manera honesta y abierta, se fomenta la comprensión mutua, el apoyo emocional y la conexión auténtica.

Es importante destacar que la vulnerabilidad no es sinónimo de debilidad; al contrario, implica una profunda fortaleza interior y coraje para enfrentar nuestras emociones y mostrarnos tal como somos, con todas nuestras luces y sombras.

Al desafiar los estereotipos de masculinidad que limitan la expresión emocional de los hombres, se abre la puerta a una mayor libertad emocional, crecimiento personal y bienestar integral.

En última instancia, al fomentar un ambiente que valore la vulnerabilidad como un acto de autenticidad y valentía, se construye un espacio en el que los hombres pueden explorar, expresar y compartir sus emociones de forma genuina, sin temor al juicio o la invalidación.

La vulnerabilidad, lejos de ser un signo de debilidad, es un testimonio de la humanidad compartida y la capacidad de los hombres para conectarse consigo mismos y con los demás en un nivel más profundo y significativo.

LA RELACIÓN ENTRE VULNERABILIDAD Y SATISFACCIÓN PERSONAL EN LOS HOMBRES

La vulnerabilidad se define como la voluntad de exponer nuestras emociones, miedos y debilidades de manera abierta y honesta. En el contexto de la satisfacción personal, la vulnerabilidad juega un papel fundamental al permitir a los hombres explorar y comprender sus propias emociones, deseos y necesidades de una manera más profunda y significativa. Al abrazar la vulnerabilidad, los hombres tienen la oportunidad de cultivar un mayor sentido de autenticidad y conexión interna, que a su vez se traduce en una mayor satisfacción personal y bienestar emocional.

La autenticidad emocional es un componente clave para la satisfacción personal, ya que implica ser fiel a uno mismo y a sus propias emociones, sin temor al juicio externo. Al permitirse ser vulnerables y expresar sus verdaderos sentimientos, los hombres pueden liberarse de las cargas emocionales y los patrones de comportamiento dañinos que a menudo reprimen la expresión emocional auténtica.

Esto les permite conectarse más íntimamente con sus propias necesidades y deseos, fomentando un mayor autoconocimiento y aceptación personal.

La conexión interna que surge de la práctica de la vulnerabilidad permite a los hombres alinear sus acciones con sus valores y emociones auténticas, creando así una mayor coherencia entre su yo interno y externo. Esta congruencia interna es esencial para experimentar una sensación de plenitud y satisfacción personal, ya que se elimina la disonancia entre lo que se siente en el interior y cómo se actúa en el exterior.

Además, la vulnerabilidad fomenta una mayor conexión con otros, ya que, al compartir abiertamente nuestras emociones y vulnerabilidades, se construyen lazos interpersonales basados en la confianza, el apoyo mutuo y la empatía.

Estas conexiones significativas son una fuente de enriquecimiento emocional y contribuyen de manera significativa a la satisfacción personal y al bienestar emocional de los hombres.

En resumen, la relación entre la vulnerabilidad y la satisfacción personal para los hombres radica en la capacidad de explorar y experimentar una mayor autenticidad emocional y conexión interna.

Al desafiar los estereotipos de masculinidad que relegan la expresión emocional, los hombres pueden encontrar una fuente de fortaleza y realización al permitirse ser vulnerables y conectar consigo mismos y con los demás de una manera auténtica y significativa.

La vulnerabilidad, lejos de ser un signo de debilidad, es un camino hacia una mayor satisfacción personal y bienestar emocional para los hombres que optan por abrazarla.

EL CAMINO HACIA LA REALIZACIÓN PERSONAL

En la búsqueda de significado y propósito en la vida, la vulnerabilidad juega un papel crucial al permitir a los hombres explorar sus valores y pasiones más profundos de una manera auténtica y honesta. Al abrirse a sus vulnerabilidades y compartir sus sueños y aspiraciones con otros, los hombres pueden desbloquear un camino hacia un propósito más gratificante y significativo.

En este segmento, exploraremos cómo la vulnerabilidad puede ser un catalizador para descubrir y perseguir un propósito de vida más auténtico y satisfactorio.

La vulnerabilidad nos invita a mirar hacia nuestro interior y explorar qué es lo que realmente nos mueve y nos motiva en la vida. Al permitirnos ser honestos con nosotros mismos y con los demás sobre nuestras emociones, miedos y debilidades, creamos un espacio para conectar con nuestros valores fundamentales y descubrir nuestras pasiones más profundas. Al enfrentar nuestras vulnerabilidades, abrimos la puerta a la autoexploración y al autoconocimiento, lo que a su vez nos guía hacia nuestro verdadero propósito en la vida.

Compartir nuestros sueños y aspiraciones con los demás es otro aspecto clave en el camino hacia el propósito. Al ser vulnerables y abrirnos a los demás sobre lo que realmente nos apasiona y nos motiva, creamos conexiones significativas que pueden actuar como catalizadores para materializar nuestros objetivos y aspiraciones. Compartir nuestros sueños con aquellos que nos rodean nos brinda apoyo, feedback constructivo y, a menudo, oportunidades que de otra manera podrían pasar desapercibidas.

La vulnerabilidad nos capacita para ser auténticos y transparentes en nuestras interacciones con el mundo, lo que a su vez nos permite alinearnos con nuestro propósito más profundo. Al estar dispuestos a ser vulnerables y compartir nuestra vulnerabilidad con otros, creamos un espacio para la autenticidad y la conexión genuina, que son fundamentales para descubrir y perseguir un propósito significativo en la vida.

Al abrazar la vulnerabilidad como un camino hacia el propósito, los hombres pueden liberarse de las expectativas externas y conectarse con su verdadero ser interior.

Además, al explorar y compartir sus valores, pasiones y aspiraciones más profundas, los hombres pueden dar forma a un propósito que esté alineado con quienes son realmente, lo que les brinda una sensación de significado, realización y gratificación en su vida diaria.

En conclusión, la vulnerabilidad puede ser un poderoso vehículo para descubrir y seguir un propósito más auténtico y satisfactorio. Al permitirse ser vulnerables y compartiendo sus sueños y aspiraciones con los demás, los hombres pueden desbloquear un camino hacia una vida más significativa y plena.

La vulnerabilidad, lejos de ser un signo de debilidad, es un camino hacia la autenticidad y la realización que puede llevar a una vida más plena y significativa para aquellos que optan por abrazarla en su búsqueda de propósito.

SUPERANDO EL MIEDO A LA VULNERABILIDAD

Estrategias en la búsqueda del equilibrio emocional:

La vulnerabilidad, un aspecto fundamental en la búsqueda de una autenticidad emocional y conexión significativa, puede resultar desafiante para muchos hombres debido al miedo a ser juzgados, rechazados o heridos emocionalmente. Sin embargo, superar este miedo a la vulnerabilidad es esencial para experimentar una mayor satisfacción personal y conexiones más profundas.

Veamos algunas estrategias y técnicas para ayudar a los hombres a superar el miedo a ser vulnerables, así como la importancia de establecer límites saludables al compartir sus emociones y protegerse emocionalmente.

| **Reconocer y aceptar la vulnerabilidad**: El primer paso para superar el miedo a la vulnerabilidad es reconocer y aceptar nuestras propias emociones y debilidades. Al entender que la vulnerabilidad no es sinónimo de debilidad, sino de valentía y autenticidad, podemos comenzar a abrazar nuestras emociones con compasión y aceptación.

| **Practicar la autoaceptación**: Cultivar la autoaceptación y la autocompasión es crucial para superar el miedo a la vulnerabilidad. He de reconocer que está bien sentirse vulnerable y que todos experimentamos emociones difíciles en algún momento nos permite conectarnos de manera más auténtica con nosotros mismos y con los demás.

| **Establecer límites saludables**: Aunque la vulnerabilidad es esencial para construir conexiones significativas, también es importante establecer límites saludables al compartir nuestras emociones. Esto implica ser conscientes de nuestras propias necesidades emocionales y comunicar de manera clara y directa qué estamos dispuestos a compartir y hasta dónde estamos dispuestos a abrirnos.

| **Buscar apoyo profesional**: En ocasiones, enfrentar el miedo a la vulnerabilidad puede ser un desafío emocional complejo que requiere de apoyo profesional. Consultar con un terapeuta o consejero puede proporcionar herramientas y técnicas efectivas para abordar y superar los obstáculos emocionales que impiden ser vulnerables.

| **Protegerse emocionalmente**: A medida que nos abrimos y compartimos nuestras emociones, es importante tener en cuenta nuestra propia salud emocional y protegernos de situaciones o personas que puedan ser dañinas. Establecer límites claros y ser selectivos en cuanto a con quién compartimos nuestra vulnerabilidad nos ayuda a mantener nuestro equilibrio emocional y protegernos de posibles daños.

Superar el miedo a la vulnerabilidad es un proceso gradual que requiere valentía, autenticidad y autoconocimiento. Al practicar la aceptación, establecer límites saludables, buscar apoyo cuando sea necesario y proteger nuestra salud emocional, los hombres pueden aprender a ser vulnerables de manera segura y constructiva, experimentando así una mayor satisfacción personal, conexión emocional y bienestar integral.

La vulnerabilidad, lejos de ser algo a evitar, se convierte en un camino hacia la autenticidad y la conexión genuina que enriquece nuestras relaciones y nuestra vida emocional en general.

EJERCICIOS PARA FORTALECER LA AUTENTICIDAD EMOCIONAL

La vulnerabilidad, a menudo vista como un signo de debilidad en la sociedad actual, es en realidad una poderosa forma de conectar genuinamente con nosotros mismos y con los demás. Para muchos hombres, superar el miedo a ser vulnerables puede resultar desafiante, pero es un paso fundamental hacia relaciones más auténticas y significativas.

A continuación, exploraremos ejercicios y prácticas destinadas a ayudar a los hombres a desarrollar la capacidad de ser vulnerables de manera segura y enriquecedora, destacando la importancia de la autocompasión y el autocuidado en este proceso transformador.

| **Ejercicio de reflexión emocional**: Reservar un tiempo diario para reflexionar sobre nuestras emociones y pensamientos nos ayuda a conectar con nuestra vulnerabilidad interior. Pregúntate a ti mismo cómo te sientes en este momento y qué emociones o preocupaciones están presentes. Anota tus pensamientos en un diario emocional para crear conciencia y comprensión de tus propias emociones.

| **Práctica de la escucha activa**: La vulnerabilidad implica compartir nuestras emociones y experiencias con los demás, pero también implica escuchar de manera activa y empática las emociones de los demás. Practica la escucha sin juzgar, mostrando empatía y comprensión hacia los sentimientos de los demás, lo cual fortalecerá tu propia capacidad de ser vulnerable al crear un espacio seguro y respetuoso para la expresión emocional.

| **Ejercicio de autoaceptación y autocompasión**: Dedica tiempo cada día a practicar la autoaceptación y la autocompasión. Reconoce tus propias debilidades y fallos como parte natural de tu humanidad y trata tus emociones

con amabilidad y compasión. Cultivar la autocompasión te ayudará a sentirte más seguro al ser vulnerable, sabiendo que mereces amor y comprensión, tanto de los demás como de ti mismo.

| Práctica del cuidado personal: El autocuidado es fundamental en el proceso de ser vulnerable de manera saludable. Dedica tiempo a cuidar tu bienestar físico, emocional y mental mediante actividades que te nutran y te fortalezcan. Esto puede incluir ejercicios, meditación, tiempo de calidad contigo mismo y con seres queridos, y buscar apoyo cuando lo necesites.

| Ejercicio de comunicación abierta: Expresa tus pensamientos y emociones de manera clara y directa. No temas compartir tus sentimientos con los demás y establecer límites saludables al comunicarte. La transparencia en la comunicación fortalece la conexión emocional y promueve relaciones más auténticas y significativas.

***

En resumen, desarrollar la capacidad de ser vulnerable de manera segura y significativa requiere práctica, paciencia y autocuidado. Al utilizar estos ejercicios y prácticas para fortalecer tu conexión con tus emociones y con los demás, podrás experimentar un crecimiento emocional significativo y construir relaciones más auténticas y enriquecedoras.

La autocompasión y el autocuidado son pilares fundamentales en este proceso, brindándote la fuerza y la seguridad necesarias para abrirte de manera auténtica y transformadora. Permitirte ser vulnerable es un acto de valentía y autenticidad que te llevará a una mayor conexión emocional contigo mismo y con los demás, enriqueciendo tu vida y tu bienestar emocional.

En este último capítulo, hemos explorado la relación entre la vulnerabilidad, la satisfacción personal y el sentido de propósito. Asimismo, hemos descubierto cómo la vulnerabilidad puede ser una fuerza poderosa en nuestra vida, permitiéndonos experimentar una mayor autenticidad, conexiones más profundas y una comprensión más clara de nuestros valores y pasiones.

Sonny Montero

***

¡Aunque el miedo y las barreras pueden impedirnos ser vulnerables, al abrazar nuestra vulnerabilidad nos abrimos a una vida más satisfactoria y significativa!

***

Made in United States
Orlando, FL
09 June 2024